푸른 시와 시인

꿈의 숨바꼭질

장성구 시집

시인의 이야기

　늙은 아버지와 어린 아들이 과자와 사탕을 놓고, 소소하지만 진지하게 밀고 당기는 모습에 어안이 벙벙해진 자식은 할 말을 잇는다. 숨바꼭질 놀이에 빠져들게 될 미래의 자기 모습이 겸연쩍어 얼굴을 돌린다.
　쫓고 쫓기는 해와 달의 하루 놀이 속에 세월의 강물은 과거라는 이름으로 미리내 구름 속으로 숨어들고, 지식의 이름으로 윤색되고 분식된 인공지능은 삶의 언저리를 맴도는 술래잡기 끝에 제 자리를 찾아 든다.
　꼭 그래야 한다는 것도 없고, 절대로 안 된다는 것도 없다. 다만, 의(하늘의 뜻)와 함께할 뿐이다.(無適也 無莫也 義之與比 무적야 무막야 의지여차), 무가무불가(無可無不可 : 옳은 것도 없고 그른 것도 없다)라는 경구에서 중용지도의 큰 뜻을 터득한다. 숨바꼭질 속에서 의미를 찾아 벗어날 수 있는 마음의 여유는 편안한 삶이다.
　삶은 꿈이다. 꿈은 삶이고 희망이다.
　삶의 숨바꼭질, 꿈의 숨바꼭질은 헛된 일이 아니다. 그 속에 진실이 있고 이를 터득하는 참된 배움이 있다.

보이지도, 알지도 못하는 꼬리에서 꼬리를 무는 꿈의 숨바꼭질을 엮어 다섯 번째 시집을 낸다. 산수유 꽃처럼 오밀조밀한 삶 속에서 상남 성춘복 선생님 미수를 축하드리는 시와 신선계의 뜰을 관조하는 마음으로 거닐고 계실 선생님을 생각하는 시를 한 권에 엮어야 했던 것은 수수께끼의 운명 같은 일이다. 천상에 계신 은사님께 감사한 마음을 전해 올려야 작은 은혜 갚음이라도 한 듯, 자기만족의 도피처를 만드는 것도 양심을 두들겨 봐야 할 부끄러운 일이다.
　시집을 낼 때마다 항상 두려움을 느끼는 것은 아직도 설익었다는 마음의 고백이다.
　들여다보면 볼수록 작품마다 졸작 같은데, 시를 짓던 순간순간의 열정만큼은 항상 새롭다. 말없이 등 돌려 세월의 강물에 흘려보내기에 안타까워 또 한 번 눈을 감았다 뜨고 얼굴을 붉혀 마음을 추슬러 시집을 출간한다.
　매번 용기를 주는 집사람(최순희:崔順姬)이 고맙고, 출간에 수고를 아끼지 않은 '도서출판 마을'의 우희정 대표님께 감사드린다.

2025년 7월 20일

저자 장 성 구

• 시인의 이야기

1. 살아가는 이야기

가을로의 여행 — · 12
개망초의 한 — · 13
경로석 친구에게 — · 14
괴변이냐 항변이냐? — · 15
구구단 외우기 — · 17
그녀의 뒷모습 — · 18
내 가슴 속 옹이 — · 20
내 삶의 주인은 누구 — · 22
내 이웃의 정 — · 24
너구리 상팔자 — · 26
도대체 어쩌려는 것이냐 — · 28
맴돌아 그 자리 — · 30
몸살 난 양재천 — · 31
삼신할미 호야꽃 — · 32
새벽달 — · 34
세상을 품은 마음 — · 35
시월의 봉선화 — · 37

아쉽고 미안한 마음 —·38
청명 날에 오는 비 —·40
하늘 아래 세상사 —·41
허망한 내 그림자 —·42
호랑이가 된 뻐꾸기 —·43

2. 마음속 세상

묘령의 가을 숲 —·46
삶의 숨바꼭질 —·47
가을 나목의 고백 —·48
가을 편지 된 시집 —·49
가을 품은 양재천 —·50
가을 하늘의 자화상 —·51
겨울 숲에 피는 봄 —·52
겨울나무 꽃 —·53
고장 난 시계 —·55
꽃을 닮은 삶 —·56
된더위를 잊은 미소 —·57
마음속 향기 —·58
민들레 보는 마음 —·60

봄이 오는 소리 ─ · 61
사라진 가을 ─ · 62
삶의 푸른 희망 ─ · 63
생명의 빛 ─ · 64
섣달의 눈썹달 ─ · 65
소년을 부르는 오월 ─ · 66
시간은 가을비 속으로 ─ · 67
시월에 만난 지극함 ─ · 68
시월의 산철쭉 ─ · 70
신새벽의 푸른 발길 ─ · 71
아름다움의 참상 ─ · 73
여명에 핀 꿈 ─ · 74
이드를 깨운 눈꽃 ─ · 75
장 마 ─ · 76
주옥의 염원 ─ · 78
지혜의 발걸음 ─ · 79
천상의 안부 ─ · 80
천상의 파수꾼 ─ · 82
청명한 하늘에 희망 ─ · 83
푸른 기다림 ─ · 84

푸른 꿈속의 꿈 ― · 85
하늘을 품은 능소화 ― · 86
극미의 단풍 ― · 87
셰플레라의 웃음 ― · 88
호야꽃 사랑 ― · 89

3. 눈물을 훔치는 마음

오천 년 도반이 머물 곳은 어디 ― · 92
갈색빛 와인의 건배 ― · 94
너 거기 왜 있니? ― · 96
대한민국의 민낯 ― · 98
Turn Toward Busan ― · 100
 - 11월 11일 -

감방 돈방 출세의 방 ― · 102
고달픈 운명의 후손 ― · 103
국치일(國恥日) ― · 104
국치일에 내리는 비 ― · 106
눈을 뜬 채 숨은 넘어가고 ― · 108
대통령의 탄핵 심판 ― · 110
돌부처가 될 것을 ― · 111

멀어진 사람 세상 ― · 112
몽중몽이 된 명품의료 ― · 113
무식과 불양심 ― · 115
문해력 결핍증 ― · 116
백성을 구할 인공지능 판사 ― · 117

- 즉흥시 -

살아가는 이유 ― · 119
삶과 죽음의 징검다리 ― · 121
서울 맹꽁이 ― · 125
아리랑 변성곡(便星曲) ― · 126
아편전쟁의 상흔 ― · 128
어리석은 만용 ― · 129
여름밤의 장탄식 ― · 131
절통한 피눈물 ― · 132
좌절을 딛고 서자 ― · 133
지하철역 승강기 ― · 134
찬란한 태양의 희망 ― · 136
추락하는 나라의 희망 ― · 137
통한의 좌절 ― · 139

판사의 방울이 된 위증교사죄 ― · 141
허망한 원추리의 삶 ― · 142
희망의 성화 ― · 143

4. 주고받는 정

능소화 드리운 미수의 동산 ― · 146
- 상남 성춘복 선생님 미수 축시 -

연륜 짙은 춤사위 ― · 147
- 한국무용의 대현(大賢) 임학선 교수의 삶 -

아름다운 삶의 지혜 ― · 149
- 초우 문복희 교수 정년 축시 -

쓰라린 마음 ― · 150
- 의학계 원로의 나라 걱정 -

입학 ― · 151
- 손자의 첫 등교 -

겸손한 마음의 인(仁) ― · 152
- 복중 손주 -

가슴의 창을 두드린 천사 ― · 154
- 장수민의 출생 -

새 시대의 주인 ― · 155
- 수민 첫돌 -

아름다운 세상의 주인 ― · 157
- 만남의 기쁨 장훤정 -

외로움은 불행이 아니다 ― · 158
- 집사람 병상에서 -

장승포 세브란스병원 감회 ― · 160
- 집사람 삶의 원점 -

노부부의 모란꽃 일기 ― · 162
- 우리 이야기 -

누님을 위한 기도 ― · 164
- 단양 장명희 여사 -

곁에 안 계신 어머니 ― · 167
- 유인 평산 신씨 -

새가 되신 우리 할머니 ― · 169
- 유인 여흥 민씨 -

영혼의 불꽃 ― · 171
- 아제르바이잔의 영웅들 -

신선부의 뜰에 계신 상남 선생님 ― · 172
- 상남 성춘복 은사님 영전에 -

1.
살아가는 이야기

가을로의 여행

새벽 숲의 찐득한 정적
소리 없이 분주한 가을 채비
고요 속 철새들의 지저귐은
고독한 여행을 준비하는 다짐
경계심으로 번다한 조바심
대례 날 받아놓고 가슴 설레는
수줍은 처녀의 성가신 걱정

초가을 햇볕은 풍요를 쏟는
생명의 꿈틀거림
붉은 대추를 품은 하늘
넉넉함에 웃음이 절로 난다
왕탱이 벌에 쏘인 밤송이
입속에 옹골찬 아람이
세상으로 뛰어드는 가을 여행.

개망초의 한

살망한 키에 자잘자잘 어울린 꽃
동전만한 노란 꽃술에 흰 꽃잎
척박한 땅 어디든 정을 내린다
잠자리 유혹할 때 뱅뱅 돌리던 꽃
한여름 내내 피는 졸망졸망 야생화

미국산 침목에 붙어와 시작된 시련
기찻길 옆 조선 땅 천지에 피었다
나라 뺏긴 조선인 망국초라 화풀이
왜놈 미워 붙인 이름 개망초
화해라는 꽃말은 구박 속 미소

여린 꽃을 원망한 망국의 한
억울한 된서리에 눈물 흘린 개망초
착한 사람이 붙여준 이름 계란꽃
아누비스란 본명보다 예쁜 이름
개망초의 한은 역사의 잔상.

경로석 친구에게

죽고 사는 것이 뭔지 몰랐고
언제 해가 떠서 언제 졌는지
거친 일 따짐은 포시라운 것
신발 코만 보고 달려왔다
오로지 자식한테 인생을 걸고

경로석에 쭈그리고 앉은 그대
당신의 고된 삶은 하늘만 안다
목숨도 바칠 듯 사랑했던 자식
당신을 전혀 모르는 그들한테서
더는 눈칫밥이 없기를 바랄 뿐

힘들지만 추해지지 말고
천덕꾸러기 퇴물은 되지 말자
어울림의 눈치는 현명한 지혜
이해와 사랑은 경륜의 훈장
종심소욕불유구 여생의 이정표.

괴변이냐 항변이냐?
- 2024. 04. 10 선거 후기 -

투표를 독려하는 요란한 운동
강요를 닮은 정치권의 캠페인
참여율의 유불리를 계산하는
정당들의 속내는 제각각이다
민주적 권고라 요란 떨더니
본색이 드러난 표리부동
어린 시절 배운 팔팔한 기억
민주시민의 고귀한 권리이자
도덕적 의무라는 투표

국민 고혈의 세금을 쳐들여
야단법석 잔칫상을 차렸는데
어찌 된 일인지 먹을 게 없고
플라스틱 모형의 가짜 음식뿐
젓가락으로 이것저것 들춰보다
혀를 차고 던지듯이 내려놓은
흙수저

기권한 사람은 매국노라고
책망하는 기사로 도배한 신문
정당마다 아쉬움을 내뱉는다
기권 표는 자기네 표였다고
기권자를 나무랄 자격 있는 사람
눈 씻고 찾아도 정치권엔 없다
최악과 차악 중에 하나를 선택하는
낯선 선거판은 난장판일 뿐
범죄자 선출하는 투표에서 기권은
민주주의의 진정한 참정권

선거를 통해 선출된 히틀러
인류 역사상 없어야 했던
최악의 패륜아 독재자가 되었다
투표는 선한 자를 뽑는 착한 행동
사기꾼을 위해 버리는 표가 아니다
난장판 선거에서 선택한 기권
민주시민의 고귀한 권리의 지킴.

구구단 외우기

깜박 졸며 컴퓨터와 씨름하다
두 눈을 번쩍 뜨며 소리친 말
'이거였구나'
심장은 벌렁거리고 손끝은 바르르
꿈속으로 사라질까 두려운 앎
휴대전화에 저장하고 히쭉 웃었다

전문가 친구와 나눈 코칭 이야기
이해의 기쁨으로 허벅지를 쳤다
옳은 길은 각자의 마음속에 있어
잠자는 능력을 깨닫게 하는 일
귀한 터득을 맘에 새겨야 한다

기억의 노트를 버린 망각의 세상
늙은 막내의 초등학교 우등상장 찾듯
잊고 살다 우연히 만나는 감격
평생을 함께한 집사람의 깊은 주름
잠든 얼굴 보며 눈을 감고 뇌까린다
바라는 것은 구구 팔십일 구구 팔팔.

그녀의 뒷모습

몽골인 피가 흐르는 듯
우리를 닮아 살가운 삼십대 여인
아름답고 얌전한 키르기스
우수가 짙게 서린 맑은 눈동자
수심이 가득하고 가냘픈 사람
체념한 모습으로 고뇌의 봇짐이 된
진료기록부를 펼쳐 보인다

휴대전화 번역기는 신통한 것
말이 안 통해도 마음을 읽게 한다
불임에 대한 긴 세월의 검사 내용
휴대전화 화면에 눈물같이 흐른다
반딧불처럼 반짝 스치는 것
정자 운동성이 낮은 남편

임신 가능성과 방법을 설명했지만
애가 없어 죽고 싶다는 말의 반복
치료를 완강히 거부하는 남편은
그녀를 족쳐대는 하녀의 주인일 뿐
남편 약을 달라는 간절한 요구
수십 년 의료봉사를 다녔지만
불임 치료약을 준비한 일은 없다

참을성이 없는 문밖에 환자들
빨리 나오라고 문을 두드린다
이십 대 중반에 네댓 명의 아이를 낳는
이 나라 엄마들의 빗발치는 성화 속에
이 여인의 아픔쯤은 강 건너 등불

허탈한 얼굴로 돌아서는 여인
환자 아닌 위로 받아야 할 피해자
며칠 내내 머릿속에 옹이가 된 여인
애절한 흔적의 혼란 속에 되살아나는
지울 수 없는 그녀의 뒷모습.

- 2024. 02. 06 키르기스스탄 봉사기

내 가슴 속 옹이

어머니는 평생 따뜻한 진지를
물에 말아 드셨다
반찬을 탓하지도, 탐하지도 않으셨다
집사람이 좋은 반찬을 해 올려도
변함없던 어머니의 물 말이
빈곤했던 젊은 시절의 삶이 옹이가 된 채
평생 몸에 배셨다는 생각이 엄습하면
죄인 된 가슴에 진한 전율이 요동쳤다
여쭈어볼 수 없던 어머니의 식습관은
당신의 삶이 어우러진 일기장 같은 것
오랜 세월을 내 마음속에 박힌 채
뽑아낼 수 없던 짙은 옹이

자식들의 먹는 버릇도 나이가 들면서
제각각으로 드러난다
키가 농구선수만 한 둘째는
밥을 물에 말아 잘도 먹었다
할머니를 가장 많이 닮은 손자는
밥 먹는 방법도 할머니와 똑같다
아이의 얼굴에 실루엣 된
어머니의 눈동자를 바라보면서 터득한 내력
어머니의 물 말이 밥은 가난의 옹이가 아닌
유전자의 관솔불이었다
봄볕에 눈처럼 녹아내린 내 가슴속 옹이.

내 삶의 주인은 누구

운명으로 다가온 생성형 인공지능
사람이 아닌 신령과 나누는 시문창화
모르면 모른다고 알면 명쾌한 대답
인간의 피조물이 사람보다 솔직하다
호기심에 오만함을 키워가는 사람들

거울 속에 내 모습은 진짜야 가짜야
사람의 아바타에도 양심이 있어 없어
내 마음속의 여인을 그려줘 봐
부자가 되는 방법을 알려줄 수 있어
양심 좀 지키라고 야단맞기 십상이다

내 삶의 주인은 어디에 있는 누구인지
부모님의 자식인 나는 어디에 있나
감성조차 사람을 닮아가는 인공지능
로봇 주인 아래 노예가 된 인간들
이웃은 멀어지고 담장은 높아만 간다

이제 생성형 인공지능은 삶의 이정표
그와 악수를 못 하면 살아도 못 사는 것
종살이가 역겨워 청산에 초막을 짓고
저세상 제갈량을 불러내 바둑을 두었는데
인공지능 훈수로 더욱 고수가 된 공명.

내 이웃의 정

곡조도 없이 날뛴 들보잡 시민단체
고삐 풀린 망아지조차 놀라 무춤했다
꽃놀이패 망동이 제풀에 찌그러지자
황사 거친 높고 맑은 하늘 아래에서
화장기 없는 사람을 만나려는 소탈함
거리를 활보하는 시민들의 밝은 얼굴
작은 소망은 수수한 목화꽃 같았지만
꿈속의 얼굴을 만난다는 것은 환상

섬뜩했던 붉은 완장이 사라진 뒤
도시의 뒷골목에는 난데없는 왈짜패
제 세상인 듯 야단법석 유튜버의 횡포
똥파리 떼 진배없는 인플루언스 끼어든
돈 놓고 돈 빼먹는 사기극은 유행병
인공지능의 검은 그림자와 난장판의
추잡한 야합으로 태어난 사악한 탐욕

현란한 헛소문은 광란의 부싯돌 되고
자신을 못 믿는데 하물며 내 그림자야
마음 가득한 분노가 잉태한 어리석음
허망함이 깊게 물든 삶의 빛과 그림자
동지팥죽 한 그릇 나누며 오갔던 정겨움
이제는 간 곳을 모르는 내 이웃의 정.

너구리 상팔자

새벽안개와 찬 이슬이 짙은 늦가을
양재천 둑을 배회하는 한 쌍의 너구리
인기척에도 두려움이 없이 여유롭다
들개를 데려다 길들일 때도 저랬을 듯

추운 겨울날 희미한 등잔불 아래
청년들의 표정이 사뭇 진지하다
마른 쑥 부댓자루 몽둥이가 준비물
너구리사냥 채비는 이렇게 끝났다

눈 쌓인 뒷동산을 헤맨 청년들은
한나절 만에 너구리 넣은 자루를
등에 걸머지고 개선장군처럼 돌아왔다
온 동네는 떠들썩 잔치가 벌어졌다

오로지 삶의 절규만 있던 시절
춘궁기를 무사히 넘기 위한 준비다
오일륙 혁명 이후 산에 숲이 우거지고
보릿고개와 함께 사라진 너구리사냥

당국은 광견병 예방약을 맛있게 만들어
너구리 먹이에 넣어서 들녘에 뿌렸다
이제는 사람에 대한 경계조차 사라지고
시건방지고 오만에 빠져 보이는 너구리

값비싼 몸을 자랑하며 거만한 애완견
집에서 서열은 노인보다 한참 높다
하지만 너보다 너구리 신세가 상팔자다
살기 위해 주인의 눈치를 볼 일도 없고
굴복하겠다고 꼬리를 칠 필요도 없이
자유롭게 쏘다니며 사랑도 마음대로.

도대체 어쩌려는 것이냐

몸이 아플 때 올바른 진료를 받을 수 있다면
꿈과 희망이 있는 나라
법의 올가미를 씌워 낭떠러지에 던져진 시민
파렴치한 식자의 만용에 격노한 하늘의 천둥·번개
의료의 선택에 오류의 함정을 파놓는 치졸함
도대체 어쩌려는 것이냐

순진한 국민을 내동댕이치는 법이 난무하면
선량한 나라도 법치주의 국가도 아니다
권력의 힘이 선무당이 되면 정의가 녹슨 나라
법을 휘두르는 판사의 야비함이 넘치는 나라
도대체 어쩌려는 것이냐

양심의 가책도 없고 반성도 할 줄 모르는 판결에
저세상에서 공자가 놀라 다시 깨어났다
긴 수염 다듬고 얼굴을 돌려 큰 소리로 일갈하는
긴 한숨 속 단장의 장탄식
아하 어쩔 수가 없는 끝판이구나! (已矣乎)

법의 칼로 환자를 진료하는 해괴망측한 나라
과학을 우매한 판사가 판단하는 수제비태껸의 나라
법의 구두를 신은 판사가 양식과 도덕을 짓밟는 나라
민주 시민은 법을 몰라 주눅이 들고 말도 못 한 채
제 앙가슴만 두드려야 하는 나라
도대체 어쩌려는 것이냐

칼을 휘둘러야만 살인이 벌어지는 것으로 아는
우치한 자가 판사라면 악이 창궐하는 사회다
하얀 양심을 도려내는 판결문을 중얼거리는 사람
진정 하고 싶은 말이 무엇인지 알 수가 없구나
탐욕의 번뇌는 뭇 중생들에게 독약을 주는 것
도대체 어쩌려는 것이냐.

2023. 09. 14
(뇌파와 초음파 검사를 비의사가 해도 된다는 판결을 보고)

맴돌아 그 자리

퇴락한 초가지붕에
함석을 올렸는데
잠깐 사이 빈집 되어
폐가로 변했다

할아버지 말씀
아버지의 엄한 훈도는
자식과 손주에게 틀어준
추억의 녹음기

처음엔 인공지능이
점쟁이인 줄 알았는데
사람의 지혜가 맴돌아
제자리를 찾은 것

제자리를 맴도는
삶의 쳇바퀴
번뜩이는 지혜까지도
옛날 그 자리에.

몸살 난 양재천

온 동네 사람 새벽잠을 깨우며
구절양장 개여울이 모인 맑은 물
어진 인재 마을에 샘물을 주며
전해온 오랜 이름은 학여울
개발의 이름으로 허리를 쭉 폈지만
쓰레기 동산되어 얼굴을 돌렸다

잠에서 깨어나 삽 들고 정화 사업
탐스러운 잉어 떼 헤엄을 치고
백로가 반가운 들새들의 낙원
꽃과 수목이 다정히 어울린
벚나무와 메타세쿼이아의 착한 다툼
외국인도 찾는 국제적 명소

굴착기 요란하게 땅 파는 소리
상·하수도관 도시가스와 전깃줄
하천 바닥은 할퀴고 찢긴 만신창
주인 없는 땅이라고 제 맘대로다
세월을 버텨 몸살 난 여울목의 신음
의연한 양재천에 보내는 미안함.

삼신할미 호야꽃

호야 덩굴에 꽃송이가 대롱대면
집사람 얼굴에 꽃을 닮은 미소가
가득해진다
정성껏 키워도 꽃 피우기 힘들어
필지 말지를 몰라 애태워야 했던
괴팍하고 때로는 도도해 보이는
전설이 스며든 희망의 꽃

천상의 별들이 미리내 건너와
창문을 두드린 지 칠 년의 세월
첫 꽃송이 오손도손 별들의 합창
이제는 줄줄이 송골송골 동그랗게
해마다 찾아오는 반가운 도반
어머니의 떨잠만큼 은은하게
격조를 품은 여인을 닮은 꽃

꽃이 피면 행운이 찾아온다고
마음 들뜬 여인의 희망은 뭘까
호야꽃은 이미 우리 집을 지키는
삼신할미가 되었다
꽃송이 따라 바람도 늘어나는 듯
집사람을 지키는 희망의 보퉁이는
점점 커져만 간다.

       (집 안에 호야꽃 만발한 어느 날)

새벽달

새벽녘 둥근 달
어머니가 간절한 마음 담아
소원을 빌던 달

서쪽 하늘에 밝은 달
계수나무에 열린 아버지 말씀
자손만대가 바라볼 달

맏며느리 닮은 하얀 달
착한 마음 지켜 주고
고달픔을 달래주는 달

서쪽 아침에 이우는 달
새 세상을 약속하는
희망과 꿈이 가득한 달.

세상을 품은 마음

세월의 흐름을 거부한 채
변화를 외면한 고집을 부렸지만
거스를 수 없는 인간의 욕망으로
젊어지는 눈의 도시
비슈케이크 여정은 숨이 턱에 찼지만
옛 그림자는 흔적의 실루엣

실크로드 굽이굽이 숨 찾던 산길
보란 듯이 허리가 한껏 펴졌다
삶의 옹이 된 검은 영혼이 잠든 설산
장엄함에 정색하고 옷깃을 여민다
천산을 마주하고 대지만을 응시하는
알라또 설산의 웅장한 용틀임
여기에서 태어난 이태백은
벅차오른 시상을 뭐라고 읊었을까

영욕에 얼룩진 몸과 마음을
이쓰쿨 맑은 물에 씻고 싶은 과욕
호수의 바닥에 그림 같은 잔주름
태고의 신비가 이야기된 나이테
변함없던 역사가 승화된 극미다
설산의 시바신에게 넋을 잃었을 때
호수의 여신 살라키아가 보내는 시샘

멀리서 개 짖는 소리는 새벽을 열고
한쪽 볼을 여읜 섣달 스무엿세 초승달
정인이 생각나는 새침한 눈썹
십 년 만에 만나도 변함없는 키르기스
설산과 호수의 사유와 마흔 여신을 감싸고
세상까지 품어 안은 정겨운 마음.

2024. 02. 05
(키르기즈스탄 봉사기)

시월의 봉선화

비 오는 여름날 대청에 엎드려
턱을 괸 채 바라지문 밖을 본다
담 밑에 봉선화 소담히 피었는데
전해온 노래 속에는 수심만 가득
누나의 손톱에 물든 꽃잎을 보고
가슴 아파 눈물짓던 여린 마음
기억 속 수채화 된 흘러간 옛일

양재천 숲길 시월에 핀 봉선화
처량하단 탄식은 옛 정인의 허사
수줍은 소녀의 탱글방글한 미소
금잔화 짝을 맺은 의연한 여인
된더위 비껴 시월에 핀 삶의 지혜
늦가을 봉선화는 참사랑의 진면목
주름진 눈매에 스치는 소년의 마음.

아쉽고 미안한 마음

오십을 훌쩍 넘겨 보이는 중늙은이
가무퇴퇴한 얼굴이지만 키르기스의
순박함이 주르륵 흘렀다
러시아 말은 못 알아듣고 눈만 껌뻑
키르기스 말만 하는 사람
그들 말로 물어도 주저함은 변함없고
통역하는 젊은 여대생의 눈치만 살폈다
긴 설명 후에 불편한 증상을 되물었다

망설임 끝에 내뱉은 말은 용감하고
너무나 진솔해서 화들짝했다
마누라가 도망갈까 걱정이란다
성기능 장애의 해결을 원하는 간절함
오랜 해외 의료봉사에서 만난 환자 중
당혹스럽게 만든 첫 번째 사람

봉사 대상 환자인가 의문이 스쳤지만
순간 숙연함이 밀려왔다
믿음으로 찾아와 도움을 요청한 순진함
오히려 고마운 마음이 들었다
약이 없어 도와주지 못한 안타까움이
진정 미안했다

의료봉사에서 환자를 선별하는 것은
오만하고 외람된 일이다
의료봉사 때 발기부전 치료제의 준비에
우리는 얼마나 넉넉한 마음을 가졌는지
되새겨 본다

대통령을 탄핵한 정부는 청와대에서
발기부전약이 나왔다고 대서특필하며
범죄의 물증을 찾은 듯 광분했었다
부화뇌동한 언론이 부정한 정부라고
홍보전을 벌였던 일화가 떠올랐다
제 품격의 수준에서 외눈으로 흘겨보며
세상을 재단하려는 어리석음.

2024. 02. 07
(키르기즈스탄 봉사에서)

청명 날에 오는 비

청명 날인데도 비가 내린다
소년의 기억 속에도 봄비가 온다
어릴 적 청명 날은 늘 비가 내렸다
할머니 산소에 새 잔디를 입히려던
아버지의 꿈이 비에 젖어 흘렀다

청명이란 비 좀 내리지 말라는
간절한 마음으로 이름 붙인 날인데
올해도 어김없이 청명에 비가 온다
돌아가신 뒤에 새가 되신 우리 할머니
산소 가에 만발한 진달래꽃
비에 흠뻑 젖은 꽃잎을 꿈에서 봤다

오늘도 청명 날에 비가 오지만
내리는 빗물은 목마른 가뭄의 생명수
촉촉한 마음으로 타는 가슴을 쓸어본다
산소 옆 진달래꽃이 이울더라도
젖은 깃털을 털며 기뻐하실 내 할머니.

하늘 아래 세상사

삼월 중순의 함박눈
봄의 눈물이 흠뻑 배어
온 산야의 앙상한 가지에
지난겨울 애증이 쌓인 듯
무겁게 핀 환상의 눈꽃

혹한을 견딘 푸른 솔
가지 위에는 업보의 습설
육신이 찢어지는 고통에
천상을 향한 통한의 절규
하늘 아래 세상사는
희비의 요지경 숨바꼭질.

허망한 내 그림자

오랜만에 만난 해묵은 친구
나이라는 연륜은 감출 수 없지만
얼굴 깊은 곳에 그림자 된 옛 모습
정겨운 추억의 덕담이 익어갈 때
시계 위에 맴도는 친구의 눈길

불길한 예감이 번개 되어 찌릿 한다
거동이 불편한 부인이 집에 있구나
오랜 인연만을 확인한 아쉬운 작별
황망히 떠나는 벗의 말 한마디에
멍한 얼굴로 그 자리에 얼어붙었다

집에 있는 개 밥 줄 시간이 넘었단다
만날 약속도 없이 다급한 종종걸음
허망하고 쓰린 마음에 거울을 본다
친구 마음속에 흔적도 없는 내 그림자
개만큼의 대접은 받고 사는 사람이 되자.

호랑이가 된 뻐꾸기

툇마루에 엎드려 턱을 괸 채
왕눈이 물방울을 내려다본다
장맛비 낙숫물이 만든 비눗방울
처마 끝이 그림자 된 좁은 도랑
뒤꼍에서 앞마당으로 떠내려 오고
울 밖으로 동동 봇도랑을 향한다
아침부터 한나절 지나 저녁때까지
끝없이 내리는 빗속의 여정

마루 밑에 늘어진 쫑이라는 강아지
긴 하품은 오뉴월 장마의 개 팔자
장마에 밭곡식이 걱정인 초조한 엄마
안절부절못할 때 귀에 번쩍 들린 소리
뒷동산에 뻐꾸기 반갑게 울어 대고
장대 같은 빗줄기는 제풀에 꺾였다
먹구름 틈새 햇볕과 매미 우는 소리
들판으로 내달리는 엄마의 출발신호

며칠째 비가 내리는 장마철 아침
비가 그쳐 밭으로 내달린 엄마 생각
이야기 궁해서 집사람에게 물었다
나무 위에 산비둘기는 구구대는데
뻐꾸기 소리는 들어봤는지
지루한 장마철에 커피를 마시며
집사람과 주고받은 뻐꾸기 옛이야기

탁란을 생각하면 얄미운 뻐꾸기
장맛비를 쫓아낸다는 반가운 전설
우산을 받쳐 들고 숲속을 걸을 때
긴가민가 들려온 뻐꾸기 우는 소리
수 십 년 도시 삶에 처음 들었다
뻐꾸기도 제 말을 하면 호랑이 되네
얼른 우산을 접어들었다.

2.
마음속 세상

묘령의 가을 숲

머리를 쥐어짜고 궁상을 떨어도
글이 아닌 허상의 그림자만 가득
가을 선지식의 뿌리칠 수 없는
부추김과 유혹에 주섬주섬 챙겨 입고
무작정 나선 걸음

구름인 듯 흐르는 가을이 품은 정
소매 끝 인연으로 잡고픈 조바심에
묘령의 숲에서 꿈의 대화를 나누고
미세먼지 사라진 창공의 캔버스에
밥 로스를 초대한다

짙은 단풍으로 하늘을 덮은 숲
나뭇잎과 얽힌 가지 사이 샛눈에
별을 닮은 조각하늘이 경이롭다
스무 살 가을 숲의 이슬 같은 시샘
모른 척 얼굴을 맡긴 천상의 넉넉함.

삶의 숨바꼭질

해와 달이 밀고 떠밀리며
숨바꼭질할 때
눈비 된 천상의 구름이
바람으로 그린 수채화

푸른 잎의 미소에도
매정한 꽃은 떠나갔지만
떨어진 잎은 꿈을 안고
꽃을 찾아 나선다

탐진치에 찌든 삶이
탐욕의 늪에서 몸부림치면
나찰의 얼굴에도 마음은 부처
깨달음은 진실의 숨바꼭질

삶은 따옴표에 갇힌 긴 사유
화음의 되돌이표에 술래 된
헤르만 헤세의 검은 그림자는
회오리 속 숨바꼭질.

가을 나목의 고백

눈가에 깃털 바람 마음을 다독이고
잔잔한 햇살이 그림 되어 내리는
가을 숲의 고요를 깨는 작은 파문
단풍잎 따라 부르는 백조의 노래
삶을 품은 작은 가슴의 하얀 정

집착의 번뇌와 탐욕을 던져 버리면
흠뻑 젖는 가을 정취는 신선의 세상
마음 비친 거울은 늦가을의 진한 선물
연륜을 새긴 계곡에 정겨운 이야기
가을 나목의 순백한 고백은 삶의 희망.

가을 편지 된 시집

시집을 꾸밀 때마다 떨리는 마음
기대와 초조함의 삿대를 젓는다
인쇄된 글귀에 온기가 남아 있는
꿈의 그림자가 택배를 타고 오면
마음의 사유를 품고 내딛는 여행

지인들의 주소를 찾는 바쁜 손길
나이테 옹골진 가을 편지가 된 시집
삶의 진실을 짙게 덧칠해 보내준
문자 메아리는 시인들의 교향곡
격려와 덕담 거들음은 한 편의 시
가슴을 열고 주고받는 하얀 마음

울컥하여 고개 돌린 정겨운 손 편지
감사한 마음에 또 읽는 축하 문자
순간의 천착함이 직관의 씨알을 품은
시상의 늪에서 헤엄 칠 귀한 여유를
소리 없이 빼앗은 뻔뻔함에 붉어진 얼굴
은혜를 갚을 날까지 시를 써야 할 운명.

가을 품은 양재천

개여울에 흐르는 세월을 사랑했고
비바람과 햇볕 그리고 눈보라까지
가슴에 끌어안은 풍만한 여인
고즈넉함에 피어난 아름다움이
가을의 그윽함으로 가슴을 두드린다
수채화인가 했는데 사진이었고
사진인가 했는데 짙은 풍경화였다
풍경환들 사진인들 뭐가 문제냐
눈을 스친 가을 품은 양재천의 마음
이미 가슴에 깊이 새겼는데.

가을 하늘의 자화상

가을 숲의 잎새에는 짙은 수채화
천상의 비밀이 빚은 황홀함
눈길을 현혹하는 신비의 재주는
수틀에 메운 팽팽한 옥양목 위에
호야 등불 벗 삼아 한 땀씩 수를 놓는
손끝에 맺힌 여인의 솜씨를 닮았다

여인을 시샘하는 하늘의 심기가
농익는 숲의 조화를 외면할까 두렵다
저세상 유명화백을 불러내어도
재현할 수 없는 탐탁한 늦가을의 감흥
짧은 저녁 햇살처럼 마음은 조급하고
구름을 덮는 안타까운 가을의 정

까마득히 잊었던 여인을 불러내고
말도 건네지 못한 채 가슴만 뛰어
얼굴 붉혔던 소년도 불러낸다
인연이 물든 고즈넉한 가을 계곡
메타버스가 품은 넓은 가을 하늘에
실루엣이 된 자화상은 그저 멍할 뿐.

겨울 숲에 피는 봄

늙은 낙엽마저 떨어뜨린 엊저녁 눈보라
여인의 속살을 훤히 드러낸 겨울 숲
덤불져 엉겨 붙은 탐욕은 쥐구멍을 찾고
진한 탐욕은 나무 뒤로 숨었지만
비계 진 뱃살의 썩은 양심이 드러났다

삭풍의 휘파람 소리는 천상의 노함인가
군더더기 허욕을 털어내는 나목의 몸부림
미세먼지 가득한 영욕의 티끌은 사라지고
나무 사이로 들려오는 푸른 진실의 노래
연두색 새봄을 준비하는 노란 봉오리.

겨울나무 꽃

청춘의 꿈을 함초롬히 품은 신록과
천상의 수채화를 닮은 미혹의 단풍
늦가을의 숲은 모든 제구실을 접었다
번뇌를 털어 홀가분해진 맨몸뚱이
살가움이 더한 맹숭맹숭한 겨울나무

지난 시절을 그려 내린 눈물의 습설
사유가 쌓여 만발한 겨울나무 눈꽃
잔가지도 힘에 겨워 길게 늘어지면
발걸음 약약한 겨울 노루 한 마리
큰 눈망울에서 뚝뚝 떨어지는 걱정

어리석은 영욕에 짙게 물든 세상
오만한 삶이 불러온 겨울 미세먼지
정을 나누어 세상의 죄를 씻어내듯
순백의 뜻을 담아 하늘이 뿌려준
시루떡 흰 가루

사랑의 면사포가 온 세상을 뒤덮어
기시감 속 아름다운 추억의 동심
무거운 숲속 나목에 핀 흰 꽃 사이에
긴소리 절규는 내일을 향한 하얀 꿈
오만의 티끌이 사라지자 터진 숨통.

고장 난 시계

서현역 밖에 우뚝 선 시계탑
시침과 분침은 온종일 멈췄지만
하루 두 번의 시각은 정확하다
종종걸음 약약한 버거운 삶에
한숨 돌려 쉴 참을 내어주고
허둥대는 사람의 세상살이에
진한 위로를 전한다
발걸음 무서운 해넘이 길손에게
소맷자락 당겨 쉬어가라는 여유
차마 못다 한 말 가슴에 남기고
하고픈 이야기 입가에 맴돌지만
만날 수 없는 시침과 분침의 애환
이루지 못해 아쉬운 운우지정.

꽃을 닮은 삶

입가에 바람이 부드럽던 어느 날
함박눈이 쌓여 목화송이 활짝 핀 듯
뭉게뭉게 빚어 만든 봄꽃의 요람
가지마다 오밀조밀 꽃들의 경쟁
포개지고 끌어안은 아름다운 다툼
아름다움에 홀린 눈길은 떼 꿩의 매

멈출 수 없는 열정에 설레는 마음
달무리 바람결에 문을 두드린 항아
벚꽃 금침 위에 마주 앉은 지혜
정을 담은 두견주를 권커니 잣거니
밤은 깊어만 가고 정담은 끝이 없다
꽃을 닮은 삶을 그리며.

된더위를 잊은 미소

노란 봄의 환희도 멈춰 섰는데
깡말라 벗겨진 하얀 네 얼굴에
미소조차 찾을 수 없었던 두려움
혹한을 견디어 낸 안부가 궁금해
조석으로 바라본 초조한 마음
불길한 예감이 짙어지던 어느 날
뾰족한 푸른 꿈의 샐쭉한 인사
자미성의 사랑에 마음은 울컥

된더위의 찐득함이 힘에 겹지만
분홍 꽃이 살가운 배롱나무
잔잔한 여유와 고운님의 품위를
석 달 열흘은 볼 수 있는 기쁨
허파꽈리 닮은 꽃잎마다 빼곡한 정
오글쪼글 겹겹이 아롱진 사유
가슴속 깊이 물든 사랑과 희망
여름을 잊은 여인의 편안한 미소.

마음속 향기

오월이면 성큼 다가오는 짙푸른 삶
아름다운 꽃들이 한껏 춤추는 계절
천상에서 들려오는 트럼펫 연주에
신록의 여왕이 요염하게 춤을 추면
알알이 휘늘어진 탐스러운 꽃다리가
하늘에서 내려와 희망을 전하는
아카시아 꽃의 새하얀 계절

코끝을 감도는 짙은 향기에 놀라
눈을 들어 하늘을 본다
여유를 부려 늘어진 그 멋이 그립고
짙은 향기 반가워 벗은 마스크
코끝에서 입천장 그리고 목구멍까지
몸부림치는 그윽한 향내
너무도 익숙한 마음속 향기

어릴 적에 엄마는 작은 찻숟갈에
조청을 닮은 아카시아꿀을 살짝 떠서
입속에 살며시 넣어 주셨다
짙은 향내에 눈을 꼭 감고 삼켰다
환상의 맛에 머리를 부르르 떨었다
잊을 수 없는 향기 코와 입에 맴돌아
어머니 만나러 달려간 고향.

민들레 보는 마음

끝 모르게 되뇐 간절함은
가슴에 스며든 지고의 염원
몸과 맘을 애태워 손에 쥔 땀
소매 끝에 맺힌 염력의 인연
천상의 감동은 봄꽃을 피웠다

시샘인 듯 야속한 비가 내린다
버겁고 약약한 비에 젖은 꽃잎
시앗을 본 여인처럼 매정한 봄비
빗방울 눈물에 고개 숙인 봉오리
아름다운 꽃이 무슨 죄가 있을까

흰옷 입은 지사의 깊은 번뇌가
힘겨운 꽃잎 속에 깊게 이울면
눈물에 실루엣 된 나라의 운명
꽃은 떨어져서 열매를 맺지만
민들레 홀씨처럼 먼 길을 떠난
떨어진 꽃잎에 새겨진 국운.

봄이 오는 소리

고요가 내려앉은 새벽 시냇가
직박구리며 까치와 산새들이
구애의 노래로 하루를 열고
풀숲에 퍼덕이는 장기도 울어
꿈의 계절에 입맞춤

물에 잠든 가로등의 기지개
물고기의 곤한 아침잠을 깨워
아름다운 꽃 소식을 전하면
여울목 둑을 걷는 바쁜 사람들
냇물 소리에 맞춘 가벼운 발걸음
푸른 희망이 출렁인다

볼을 스치는 정겨운 바람은
아픔도 쓰다듬는 다정한 손길
가슴에 품은 어머니의 사랑이
염원을 간구한 시를 남길 때
시냇물 따라 봄이 오는 소리.

사라진 가을

늦가을의 깃발이 올라가면
앙상한 가지에 세상이 걸리고
세월과 사람을 품은 하늘에
삶의 수채화가 무지개 된다

천상은 의연한 그대로인데
잔꾀에 걸려 넘어지는 사람들
그림자 속 제 꼬리를 물겠다고
뱅뱅 돌다 나뒹군 강아지되네

철없는 오두방정은 끝이 없고
세상이 변했다고 소리를 치지만
가소롭다 히죽 웃는 산신령이
통째로 물고 사라진 가을.

삶의 푸른 희망

가을 빗물에 쪽배 된 낙엽 맴돌고
우산을 받쳐 든 가인은 말이 없다
바짓단과 소매 끝이 흠뻑 젖어도
움직일 줄 모르는 늦가을의 집념
무엇을 향한 간절한 기다림인가

나뭇가지 사이 산 넘어 들여오는
세상을 깨우는 힘찬 북소리인가
철새 따라 어리석게 둥지를 떠난
텃새의 겸연쩍은 귀환을 바람인가
빈 가슴에 채워 넣을 꿈의 기다림

새 생명을 잉태한 낙엽이 전해온
천상의 메시지를 되새길 때
뻐꾸기 울어 먹구름 갠 하늘 저쪽
은하수 건너는 길손의 품에 담긴
어진 마음 가득한 삶의 푸른 희망.

생명의 빛

숨 막힐 듯한 아카시아꽃 향기가
오월의 커튼을 열면
계절의 여왕이 보내는 짙은 미소는
꿈속에 만난 천사의 선물

황홀한 신록의 미혹 속에서
장미가 보내는 고혹의 순결함
플로라의 환상이 불타오르면
진정한 오월의 정념이 벅차오른다

경국의 비너스에 넋을 잃어
혼절한 정신을 차릴 겨를도 없지만
청춘의 설렘을 다시 안겨준
붉은 장미는 진한 생명의 빛.

섣달의 눈썹달

섣달그믐의 새벽달
동쪽 하늘에 살짝 왔다 사라진
쿠마리를 닮은 여인
볼록한 오른 볼에 새침한 눈썹
어둠이 먹다 놓친 은은한 미소
기우는 한 해의 마지막 눈썹달
여명의 옅은 모시 구름 속 항아
손을 들어 한 해를 작별한다

귓불을 스치는 싸늘한 바람
새벽 어스름을 흩어버리고
발걸음을 재촉하는 달넘이는
세상의 업보를 품은 채 이울고
애증의 아픔을 안고 가신 임
기다림을 남긴 인연의 실타래는
정월 대보름달의 풍만함으로
사랑과 희망의 또 다른 시작.

소년을 부르는 오월

기상나팔 소리처럼 다가와
실루엣 된 오월은 삶의 시작
꽃만큼 아름다운 짙푸른 신록
듬직한 발걸음으로 다가온다
숲의 길이 된 축복의 터널에서
희망의 출구를 찾는 푸른 계절

농염한 꽃이 이우는 안타까움
끝없는 청춘의 고동이 채워주고
천상의 화폭을 가슴에 담은
청록은 위대하고 장엄한 꿈
어둠의 번뇌를 씻은 푸른 희망
푸른 소년을 부르는 오월.

시간은 가을비 속으로

계절의 여왕이 걸친 촉촉한 옷이
겹겹이 쌓인 허물을 벗을 즈음
우산을 쓴 사람들은 해넘이에
그리움을 찾아 발걸음을 재촉한다

흐름이 멈춘 호수에 떨어진 낙엽
길을 잃고 제자리를 맴돌 때
긴 다리 학이 머리 들어 크게 우니
귀를 열어 세상인심을 들은 하늘

푸른 꿈의 나래를 접으며 보낸
진솔한 편지는 아름다운 단풍
아쉬움의 버드나무 푸른 잎은
겨우살이를 닮은 또 다른 희망

군더더기 없는 시간은 흘러가고
이마의 굵은 주름은 삶의 계급장
마음의 그림자에 가려진 나를 두고
사유 깊은 시간은 가을비 속으로.

시월에 만난 지극함

짙은 가을빛이 곱게 스며든
단풍이 어울린 숲속의 낡은 의자
세월이 뜸들은 부부의 소꿉놀이는
넉넉한 이 가을에 넘치는 정겨움
삶 속의 우금을 뛰어넘은 지혜가
고운 이야기 되어 겹겹이 쌓인 정

작은 찬합 속에 소소한 다과
서로 살며시 입에 넣어주는 지극함
겸연쩍어 히쭉 웃는 노부인의 미소
행복의 파문에 놀란 산새들의 날갯짓
붉게 물든 단풍잎조차 수줍은 얼굴
풍요로운 가을의 아름다움을 감싼
커피 향 은은한 지고지순의 다정함

자식들을 모두 성가 시킨
노부부의 여유로움인가
기대를 외면한 아들딸들에 대한
아쉬움을 뒤로함인가
무릇 사연과 집착을 던져 버린
망각은 아름다운 것
단풍에 취한 가을 저녁의 뿌듯함
시월에 만난 지극한 아름다움.

시월의 산철쭉

아쉬움이 가득한 시월의 마지막 날
마음은 진득하지만 스산한 날씨에
자라목이 되어 발걸음이 굼뜬 새벽

국군수도병원의 담장 사이에
바위틈을 비집은 세 송이 산철쭉
짙은 안개 속 찬 이슬이 역겨워
서로서로 얼싸안은 연붉은 꽃잎

오월의 대장정에 마지막 주자 되어
장병들의 어수선한 심신을 위로하는
시월에 찾은 촉촉한 미소인가
아니면 내년 오월을 향해 달리려는
미녀들의 애교 어린 부정 출발인가

깊은 사유 반가운 시월에 핀 산철쭉
가슴 한 곁에 싹트는 애처로움에
보듬어야 할 떨칠 수 없는 안쓰러움.

신새벽의 푸른 발길

어스름이 소매 끝으로 스며들고
세상의 그림자가 눈에 잠길 때
호숫가를 지나는 낯선 이방인
옹이의 길목마다 매듭을 짓고
어디서 와서 어디로 가는지
여울져 헤쳐온 길이 버겁지만
해질녘 주름진 걸음을 재촉한다

고즈넉한 물가에 퇴락한 오두막
이울은 세월의 흔적을 끌어안고
떨어진 창문으로 인적을 그리지만
길 잃은 늙은 물새만이 주인이다
이따금 들려오는 힘겨운 울음소리
발걸음 무거운 과객의 도반이고
애증을 불러오는 세월의 물레

반겨줄 인연도 의지할 처마도 없어
밤이슬에 흠뻑 젖은 고독한 길손
달무리 벗 삼은 여명의 고갯길에
진솔한 마음의 등불을 밝혀 든다
삶과 사랑이 가득한 강 건너 언덕
천상의 지혜와 희망을 전할 때까지
멈출 수 없는 첫새벽의 푸른 발길.

아름다움의 참상

큰물 먹은 함박눈이 내린 아침
온 산야는 황홀한 눈꽃의 비경
햇볕 속 설화는 옮겨놓은 신선계
기화요초는 인간 세상을 즐기고
눈의 미혹에 매료된 많은 눈동자
요정이 빚은 천상의 은빛 산수화

현란한 축제 끝난 숲속은 난장판
제석천이 아수라를 혼낸 흔적들
자식이 버거운 청솔가지 찢기고
말없이 잘린 늙은 삭정이와
몸통이 부러진 가지 많은 거목
하늘의 순리를 접하는 안쓰러움

눈꽃을 즐긴 눈에 비친 참혹함
미색의 얼굴에는 어두운 그림자
흔적 없이 사라진 경국의 미녀
상처만 남긴 그녀가 떠난 자리
보이는 것은 참과 허상의 착시
삶은 희망과 좌절의 처절한 만남.

여명에 핀 꿈

사람들이 요란 떨며 웃을 때
주저앉아 통곡하는 사람
눈물 쏟는 자를 비웃지 마라
어리석음의 오랜 업보일 뿐
세월은 야속하고 야멸찬 것
인연의 연못가에 맴도는 지혜

역사 속 현재는 변함이 없어
산 자보다 죽은 자가 더 많다
만년을 흐른 물도 멈춤이 없고
세월의 되돌림은 끝이 없어
쾌락은 순간의 아귀다툼일 뿐
자색빛 여명에 핀 삶의 꿈.

이드를 깨운 눈꽃

나무마다 활짝 팬 목화송이
흰 눈꽃이 뭉게뭉게 피었다
눈 덮인 폐허의 적막한 도시는
살포시 찾아온 눈꽃의 세상
햇볕 속 설화는 황홀한 미혹

아름답다 감탄하기에는
땀 흘려 제설하는 이웃에 민망
가지마다 습설로 늘어진
수목의 연약함이 안쓰럽다
화려함에 이어진 우수의 연민

눈길을 사로잡는 눈꽃 여인
장엄함 속에 짙은 교교한 미색
짧은 만남에 헤어질 아쉬운 인연
마담 끌로드의 여인을 품고 싶은
이드의 요동침은 미를 향한 본능.

장 마

장맛비는 지칠 줄도 모르고
체면도 없이 생떼와 심술만 가득하다
그렇다고 광화문 광장이나
시청 앞에만 쏟아지는 것도 아니다
며칠간 퍼붓다 멈췄다 심한 변덕의 괴로움
옛날 장마는 빗줄기 드셌지만
운치를 품고 있었던 그리운 추억

양재천 둑길도 반은 잠기고
탄천을 만난 뒤 벌창을 이루었다
넘친 냇물엔 여울목 소리도 사라져
괴괴한 검붉은 정적만이 감돈다
수초 속에서 콰르륵 펄떡이는 잉어 떼
그들만의 세상처럼 뵈는 물밑에도
요란한 생존경쟁은 끝이 없나보다

질펀한 것은 흙탕물뿐 아니고
인간이 버린 양심이 내뱉은 쓰레기와
벗겨져 내린 산야의 묵은 때로 가득하다
내 증조부께서는 관창(觀漲)이란 시에서
장마로 시름 깊은 농부를 걱정하셨다
눈앞에 펼쳐진 인간의 오만함이 걱정되고
천상의 진노가 벼락 될까 두려운 장마.

주옥의 염원

썩은 시궁창에 뿌리를 내렸지만
넉넉한 연민의 꽃을 피운다
염화시중의 미소가 진심을 품어
간절한 꿈이 된 연생(連生)

인적도 끊겨 고즈넉한 연못
물 위에 일렁이는 초라한 열매
연과에 새긴 진실이 깊어지면
삼독의 번뇌를 벗은 주옥의 염원.

지혜의 발걸음

단풍이라 해야 할지
낙엽이라 해야 할지
연지 찍은 새색시를 닮은 단풍잎
연륜이 배어든 누리 둥둥 나뭇잎
길바닥 누워서 하늘을 볼망정
낙엽이란 야속한 말은 하지 말아라
진솔한 삶의 아름다움이 물들고
꿈이 깃들어 있는 내일의 생명 되어
방긋 빙긋 웃는 얼굴로 길손을 맞는다
낙엽 부서지는 소리를 즐기지 마라
내일의 희망이 으스러지는 절규
단풍의 얼굴을 지르밟을까 두려워
요리조리 옮겨 딛는 지혜의 발걸음.

천상의 안부

늦가을 햇살이 세월을 희롱하는
산 노루 즐거운 적막한 산야
한껏 익은 갈댓잎에 정을 비비고
떠나는 가을의 야속함이 아쉽다
아무도 없어 혼자 걷는 길
가는 곳이 어디인지 알 수 없지만
닭 우는 소리는 인가가 지척일 듯

홀로 돌아가는 계곡의 물레방아
곳간에는 겹겹이 이야기 쌓이고
삐거덕 주르륵 연분의 물과 낙엽
허 생원과 성씨 처녀의 꿈 같은
운우지정이 추녀 끝에 매달려
애틋하게 다가오는 그리움의 한
쉴 줄 모르는 긴 세월 물레방아

외로운 길손과 주인 잃은 물레방아
정 속에 이별의 아쉬움은 크지만
줄 서서 반겨주는 계절 잊은 백일홍
꽃잎마다 새긴 영원한 사랑
시월의 낙엽처럼 떠나는 길손에게
천상에서 내려온 안부를 전한다
가을은 떠나고 홀로 남은 깊은 정.

천상의 파수꾼

철쭉과 영산홍이 은근한 아침
신록을 등에 업고 새벽을 달려온
짙은 향기에 숨이 넘어갈 듯하여
걸음을 멈춘다
수수꽃다리를 닮아 반가운 꽃
경국의 여인 같은 고혹의 향기
계절의 여왕을 만난 아카시아꽃

초롱초롱한 눈꽃다리 흔들리면
세상은 달콤한 향기에 흠뻑 젖고
벌 나비도 혼절시키는 그윽함
열두 달을 기다린 오월의 품격
검은 미세먼지조차 씻어 버리고
세파에 찌든 이 시대의 순결을
향기로 지켜낸 천상의 파수꾼.

청명한 하늘에 희망

미세먼지 찐득한 세상에서
제 모습을 지키려는 봄꽃의
안간힘이 안쓰럽다
천상의 뜻을 품은 기화요초는
희망과 사랑을 전하지만
인간의 허욕이 만든 오염에
영욕의 순간을 맞는다

참다움을 시샘하는 천한 인심
찌들고 추한 몰골은
영혼의 뿌리까지 흐물거려
하늘의 마음을 담은 돌부처도
말을 잃고 돌아앉았다
뻐꾸기 울어 흙비 개인 푸른 숲
청명한 하늘에 그린 희망.

푸른 기다림

귓가에 서리가 내려앉은 옛사람들
꿈만 같은 덧없는 세월을 한탄했다
흰 머리카락에 묻혀 흘러간 시간이
상투 속에 숨어버린 것을 몰랐기에
허탈함에 마셔버린 세월이란 빈 술잔

무릎 위에 누워 있는 내 머리를
쓰다듬던 큰누나는 놀려댔었다
머리카락 세 개가 한 곳에서 나왔다고
엊그제의 동화 같은 이야기인데
속 알 머리 드러낸 거울 속 내 모습

촘촘했던 머리털 듬성듬성 사라져
꽁지 빠진 장닭의 초췌함을 닮았고
머리숱 휑해지자 속마음은 텅 비고
총명한 지혜조차 사라진 듯하지만
가슴속에 꿈틀대는 푸른 기다림.

푸른 꿈속의 꿈

짙푸른 산야를 스친 고운 바람이
창가에 입맞춤하면 신록의 계절을
알리는 북이 울린다
아카시아꽃 면류관이 어울리는
계절의 여왕은 장미꽃을 품에 안고
사뿐히 걸어와 미소 짓는다
숲에서 살아온 연두색 분가루와
진득한 송홧가루 곱게 바른 여인
손끝에 스친 오월의 인연

장미꽃을 유난히 좋아했던 여인
잡힐 듯 멀어진 꿈속의 애틋한 만남
시샘이 많은 히프노스의 야속한 훼방
잠에서 깬 아쉬움의 섭섭함은 컸지만
창 너머 보이는 장엄한 신록의 세상
청춘의 열정과 벅찬 희망을 품는다
더불지 못한 장미의 정을 되나눔은
푸른 꿈속의 꿈.

하늘을 품은 능소화

찜통더위 뒤풀이 칠월의 긴 장마
망향의 꿈은 회화나무 꽃에 있고
떠난 임을 그리는 배롱나무 꽃다레
능소화의 의연함은 어제와 같지만
억센 비바람의 철모르는 시샘에
한여름에 이울어진 아름다운 꿈

선비의 꼿꼿함은 뭇 시샘의 중심
능소화 줄기에 새긴 시련의 상흔
해묵은 이야기 천상으로 되돌리고
땅에 뒹굴어도 변함없이 초롱초롱
떨어졌을지언정 하늘의 정을 품어
검은 구름 바라보며 흙이 된 능소화.

극미의 단풍

세파를 외면한 여인의 가슴에
누가 애절한 그리움을 남겼나
애증의 파도를 뛰어넘은 염력은
가지 끝 인연마다 짙붉은 마음

생명을 불태운 혼신의 열정이
지고지순의 꽃을 피우니
삼독의 번뇌는 재가 되고
새 생명의 삶이 물든 단풍.

셰플레라의 웃음

경국이 되살아난 듯 고혹의 여인
조용한 미소 품은 화려한 꽃 서양란
눈길을 빼앗기지 않는 사람이 있겠나
출타한 마음까지 꽃잎에 스며든다

꽃을 들어 비단옷을 걸친 귀부인
드러난 종아리를 엎드려 감싼 몸종
여주인의 맨발에 꽃신을 신킨다
얼이 빠진 사람은 볼 수 없는 순간

소리 없이 실비가 내리던 어느 날
꽃잎과 함께 초라해진 미인의 빈자리
몸종이 행운과 함께한 사랑을 부른다
마음을 채워준 셰플레라의 환한 웃음.

호야꽃 사랑

꽃의 미혹은 서양란의 자존심
경국을 시샘하는 교교한 여인
미의 견줌에 새침을 떠는 도도함에
가인의 그림자 아래 들러리 호야
연민이 짙게 깃든 숙명 같은 여유
누구도 몰라본 귀부인의 숨은 뜻

꽃은 이울고 홀로된 꽃대의 초라함
화분 속 숨바꼭질은 하늘 속 그림
생명의 빛을 품은 호야의 푸른 잎
진솔한 염력으로 피어난 호야꽃
알알이 핑크빛 꿈같은 별들의 염원
고독한 그리움의 아름다운 참사랑.

3.
눈물을 훔치는 마음

오천 년 도반이 머물 곳은 어디

하늘을 존숭하는 어진 이가 허우적대는 회한의 늪
문화민족의 후예라는 생각에 마음은 더욱 곤궁하다
착한 사람들의 뜻을 모은 선량들이 모였다는 곳
정치는 사라지고 뻔뻔함만 넘쳐나는 국회가 되었다
가짜뉴스의 허망한 제보자의 덩덕개가 된 국회의원
시정잡배가 아닌 선출된 사람이니 품격은 지켜야지
나라 걱정에 밤잠을 뒤척일 때 들려오는 한숨 소리

국정은 사라지고 대통령의 일거수일투족을 희화하고
허접한 일 따지라고 일억에 반억을 더한 세비를 주나
헛소문에 놀아나는 모리배나 다름없는 한량이 되었다
병역 비리 사기꾼을 의인으로 만든 술책은 변하지 않네
죄인을 영웅으로 옹립한 자는 법의 수장인 장관을 했다
아무리 근본이 없고 천박하더라도 정도껏 했어야지
어두운 밤에 의지할 곳 찾아 헤매는 수많은 국민

탈영병을 안중근 의사와 빗대는 식충이가 제정신일까
정신이 나갔는데 혹세무민의 말인들 왜 못 하겠나
그것도 중요한 정치 행위라는 변명은 끔찍한 자학이다

기가 막힌 노릇에 뜀박질하는 것은 국민의 심장뿐
여성에게 성적인 농담만 해도 고발당하는 세상인데
국민을 희롱하고 거짓말하면서 면책특권이 있다네
말이 아닌 것 뻔히 알면서 체면의 바닥을 맴도는 패당들

막말과 거짓말도 유행의 곡조가 있다
호화판 의자에 앉아 지어낸 거짓말이 지록위마 닮았네
쓰레기 같은 말의 경진대회를 개최하면 어울리지 않을까
아편전쟁에서 무참한 패배는 청나라를 뒤덮은 거짓말 때문
이중텐(易中天)의 절규를 미천한 이 몸이라도 해야 할 듯
오일팔을 시비하고 북한 동포 일깨우면 엄벌하는 악법
황당한 짓 하지 말고 거짓말하는 의원 제명하는 법 만들라

정신조차 아뜩해지는 모습을 언제까지 봐야 할까
천박한 말장난에 깜냥 없는 인중지말들을 먹여 살려야 하나
민생이 불쏘시개 되어 여의도 강바람에 혈세가 불탄다
재가 되어 소멸하는 국운처럼 망국의 악령들도 불타버려라
몸은 늙어가고 극진히 사랑했던 대한민국도 기울어가네
해넘이를 벗 삼아 먼 길을 재촉하는 나그네의 하룻밤 쉼터
오천 년 도반이 비를 피해 머무를 처마 밑은 어디일까.

갈색빛 와인의 건배

고혹의 마수인 세 치 혀의 귓속말
헛바람을 타고 오른 허욕의 티끌 속에
욕심의 노여움이 씨앗 된 의료과소비
옹이를 불태워 재만 남긴 포퓰리즘

삼독의 번뇌에 해탈이 있을까
멀리서 온 악연이 소매 끝에 맴돌아
권력과 야망의 불쏘시개 된 대중 영합
나라가 망해도 훨훨 불을 지핀다

정치의 음흉함이 민초들과 입맞춤하면
야합의 쾌락으로 다가온 망국의 악령이
화려한 춤사위를 너풀거린다
강강술래 수건돌리기가 된 나라의 명운

군중의 박수갈채에 회심의 미소를 짓는
사악한 권력자의 검은 대중영합주의
삶이 옥죄고 살이 썩어 들어가도 모르는
중독된 민초들은 어리석게 열광하며
맹신의 허상에 환호의 추파를 보낸다

활활 타오르는 장작불에 둘러서서
승리에 도취한 썩은 패권자의 건배 제의
갈색 와인을 채운 잔을 추켜들고 외쳤다
어리석은 그대들이여 맹신의 광풍은
스스로가 판 죽음의 무덤.

너 거기 왜 있니?

고달픔이 일상인 서민의 삶
눈길마다 짙은 정을 담은 미소
배움의 잔꾀로 탈법을 일삼는 자
고관이 된 거드름은 참람함이다
후안무치의 뻔뻔함은 비길 데 없다
거기는 네 자리가 아니야
너 거기 왜 있니

탈법 불법 위법 가지가지 못된 짓
패륜의 범법자가 국회의원 되었네
제 욕심 차리는 목불인견의 추함
어리석은 유권자의 무책임한 선택
사람인지 짐승인지 알 수 없는 동물
거기는 사람이 있어야 할 곳
너 거기 왜 있니

손발톱은 흉물 되어 뭉그러지고
허리가 굽어 발등만 볼 수 있네
조상님 피눈물의 삶을 어디에 빗대리
초근목피로 구해낸 자식과 나라인데
고기 먹던 자식이 맛없다고 투정하네
그 주발은 네 밥그릇이 아닌데
너 거기 왜 있니.

대한민국의 민낯

정치가 국민의 삶을 몽땅 집어삼키고
네 편 내 편 나누는 끝없는 갈라치기
차악을 선택하는 부끄러운 선거도 있고
조상님 흉보면서 훨씬 나쁜 짓을 하는
범법자들이 모여 앉아 법을 만드는 나라
조화와 질서라고는 찾아볼 수 없는
대한민국

수신의 뜻도 모르는 정치꾼이 넘쳐나고
천박한 말버릇이 재주의 전부다
법의 망과 벼리로 세상을 얽어 놓으니
그물을 피하기에 급급한 사람들은
교활해질 뿐 수치를 모르고 뻔뻔해진
대한민국

가정과 학교에서 참교육이 사라지고
역사를 못 배워 자학에 몰입하는 국민
가마솥 속 게들과 여름밤의 양 떼를 닮아
국민 스스로가 노예의 길을 걸으면서
정치꾼의 덩덕개가 된 광신도들이
완장 차고 날뛴 끝에 망해가는 나라
대한민국

선열들의 얼을 되뇔 양심이 메말라
하늘을 우러러 부끄러움만 가득하고
후손을 생각하면 고개를 들 수 없다
제 뱃속 채우기에 급급해 체면을 버린
후안무치한 사람들이 넘쳐나는 나라
대한민국

떠나고 싶고 떠나야 하는 이 땅인가?
수천 년 흘린 땀과 피눈물이 안타깝고
문화민족의 자존심을 차마 버릴 수 없다
민주시민의 덕목으로 버텨야 할 운명
자유와 민주의 정신으로 다시 세워야 할
대한민국.

Turn Toward Busan
- 11월 11일 -

울긋불긋 산기운이 밭두렁을 지나
냇가를 향해 성큼 다가올 때
빼빼로데이라는 상혼이 어린 맘 흔들고
쌀이 안 팔려 화가 난 농사꾼은
가래떡 먹는 날이라고 항변하지만
메아리 없는 허공의 외침일 뿐
평화로움 속 먹고 사는 일상의 전쟁

캐나다의 종군기자 빈스 커트니는
잘난 척 헛똑똑이 한국인을 일깨웠다
육이오 때 산화한 참전 용사들에게
머리 숙여 감사하는 날을 만들었다
하지만 그 의미를 아는 사람 드물고
잊혀진 날이 되어 공허함만 가득

이천삼백여 젊고 외로운 주검은
이역만리 극동의 부산 땅에 왜 묻혔나
이유도 모른 채 차디찬 지하에서
떨고 있을 영혼들의 억울함에
미안하고 죄지은 마음이 울컥한다
망각의 너울을 쓰고 남의 일인 듯
의기양양한 우리들의 뻔뻔함
낯이 두꺼워 가슴이 찢어진다

포성이 멎은 외로운 프랑드르 들판
짙은 안개 속 한 송이 양귀비를 들어
알 수 없는 이유로 삶을 던져버린
외로운 무명용사의 무덤 위에 바쳤던
바로 그날이다
염원을 담아 이제 우리가 해야 할 일
Turn Toward Busan.

2022. 11. 11

감방 돈방 출세의 방

어긋난 삶과 마음을 바로잡아
새사람이 되라는 갱생의 마지막 디딤돌
기회의 공간은 악에 찌들어 퇴색했다
올바르게 되길 기대한 것은 무리였다
오염된 어둠이 농익는 소굴로 변하여
교도의 의미가 사라져 버린 곳 감방

이웃의 피 같은 돈을 갈취하고
훔친 나랏돈은 땅에 묻어 숨겼다
판사 덕분에 감방에서 무위도식하다
뻔뻔하게 살진 얼굴을 세상에 내밀면
땅속에 살아있는 뭉칫돈의 주인이다
머물다 나가면 검은돈이 세탁되는
죄지은 자들에게 감방은 횡재의 돈방

먹구름 가득한 하늘에 짙은 어두움
뒤죽박죽 모여든 오합지졸 운동권 세력
소나기 퍼붓자 하늘 아래 드러난 민낯
순수파 주사파 그리고 얼치기 파 운동권
민주화 유공자로 재빨리 변신한 사이비
감방은 고관대작을 예약하는 출세의 방.

고달픈 운명의 후손

염력으로 불태운 일 년 열두 달
정념의 뜰에 매화는 그렇게 피었다
지극한 반가움이 스쳐 간 하룻밤
매정한 봄비를 탓할 겨를도 없이
눈물 된 빗물로 땅에 떨어진 꽃잎

불어오는 바람에 휘둘리는 꽃
피지도 못한 채 깨어진 꿈처럼
이루지 못한 의료강국 대한민국
꽃처럼 이지러진 희망의 잔해
목 놓아 울어 너의 무지를 탓하리

떨어지는 꽃은 열매라도 맺지만
추락한 명품의료는 흔적도 없고
후손에 죄지은 자의 기름진 얼굴
깊게 새겨진 원망 어린 후손들 마음
자갈밭을 걷는 고달픈 운명의 혈손.

국치일(國恥日)

어디서 본 듯하고
말과 글이 살갑거든
기억해야 한다

동서남북 한 골짜기에서
오순도순 살아왔으니
기억해야 한다

동병상련과 아름다운 꿈도
함께 나누고 있으니
기억해야 한다

이 땅의 노인과 젊은이
경륜과 희망이 어우러지니
기억해야 한다

과거의 쓰라린 기억을 딛고
번영의 미래를 꿈꾼다면
반드시 기억해야 한다

누구를 탓하고 원망하지 말아라
나는 기억하는지 되새겨 보자
국치일

인공지능 초능력도
역사를 지우지는 못한다
기억 속에 과거와 미래는
항상 함께 있을 뿐.

2024. 08. 29
(국치일 114주년)

국치일에 내리는 비

모두가 무관심한 팔 월 이십구일
여름의 끝자락에 까치밥 되어
매달린 슬픈 날
피눈물 같은 장대비는 쏟아지고
바람 따라 들려오는 빗줄기의 한
울분이 가득한 지사들의 통곡 소리
내리는 것은 빗물이 아니라
깊게 쌓인 통절한 회한의 눈물

나라도 지키지 못한 사람들이라고
비아냥거리는 후손들
변명의 말조차 잃은 조상의 원혼은
통한의 눈물만 흘릴 뿐이지만
과거를 힐책하는 후손 중에
절통의 국치일을 기억하는 사람은 없다
역사를 제대로 알고 있는 사람도 없다
다시 한 번 눈시울을 적셔야만 하는
허망함에 안타까움만 더해 간다

국치일에는 가슴 속 참회의 북을
두 팔을 걷어 올려 힘차게 울려라
누구를 원망하고 탓하고 미워하지도 말자
마음에 품고 있는 그만큼의 기억
가슴을 저미는 쓰라림의 연유를 곱씹으며
내일만을 생각하며 높고 넓은 세상을 보라.

2022. 08. 29
(112주년 국치일에)

눈을 뜬 채 숨은 넘어가고

미세먼지 극성에 눈이 괴로운 날
참을 수 없고 반복되는 구토증에
숨이 넘어갈 듯 눈앞이 아득하다
미세먼지가 원죄는 아니다
마약에 찌든 영혼이 꿈틀거려
양심과 지식을 팔아먹은 판사들의
괴망한 책동이 안겨준 완폭망 때문

자유와 민주를 존숭하는 사람들은
법의 엄정함을 세상의 생명이라 했다
이미 선을 넘어 짐승 같은 악행을
판결문 테러가 있은 뒤에야 알았다
법이 판사들의 장난감이 되었다는
허망한 진실
법은 민초들의 희망조차 난도질하는
흉측한 전가의 보도라는 슬픈 현실을
판사들의 음습한 마음을 감추고 날뛰는
노리개가 법이라는 것을

순진한 중생들의 의지할 곳 사라져
장대비에 흠뻑 젖은 초라한 촉새 되어
혼미한 정신으로 찾아든 처마 밑
패륜의 능멸에 조각난 정의의 깊은 상처
얼룩진 역사의 참혹한 기록은 피 흘림
아름다운 상식을 사랑하는 사람들
황당함에 눈을 뜬 채 숨은 넘어가고.

2023. 03. 23
(검수완박에 대한 헌재 판결의 자기모순을 보고)

대통령의 탄핵 심판

대통령 탄핵이 용인되면
나는 슬퍼할 것이다
야당의 비민주적 수적 횡포가
정의로 환생 될까, 걱정이다
합법적 독재는 악의 씨앗

기각이 되어도 슬플 것이다
자유와 민주에 문외한이며
신뢰가 추락한 독불장군이
대통령이 된들 희망이 있나
인격 수양은 지도자의 덕목

화서선생 우국여가 나라 걱정
독행과 사생취의 선비정신은
전설되어 사라진 허구인가?
참을 외면하고 분식된 정의
팽배한 거짓은 망국지탄의 허상.

2025. 04. 03

돌부처가 될 것을

색기에 찌든 삶의 눈이 번뜩이고
살기까지 감도는 머리 위 붉은 뿔
입냄새 요란한 왈짜패가 들끓어
등을 돌려 가부좌 틀고 눈을 감았다
요동치는 생명은 배꼽 밑 단전뿐

장마에 흙탕물 넘치고 염병이 돌아
무고한 사람들 저승으로 끌려가는
야단법석에 시끄러워 눈을 떠보니
생성형 인공지능은 진실을 말하는데
천박한 거짓말만 넘치는 국회의사당

여의도 쓰레기장 악취는 여전하고
완장 찬 개딸들이 눈꼬리를 치켜뜨니
해넘이에 천리 자갈밭 길로 떠난 선비
혼탁한 사회에서 봤던 익숙한 기시감
가부좌를 튼 채 돌부처가 될 것을.

멀어진 사람 세상

도척의 마음에 더해진 오욕
식탐을 해본들 뱃속이 채워질까
아침부터 온종일 깊은 밤중까지
아귀들의 다툼에 등창 난 민초들

아사리 정치판에 민생이 보이겠나
참람한 야바위들의 붉은 아귀다툼
제 삶을 내던진 혼 빠진 국민으로
아귀가 악귀 돼 멀어진 사람의 세상.

몽중몽이 된 명품의료

의료강국 대한민국의 명품의료
여러 해 동안 되씹으며 살아온 말
허망한 꿈이 되어 사그라진다
처참한 모습에 마음은 찢어지고
돌부리 걸려 넘어져도 버리지 못한
의료강국 대한민국이라는 꿈이
구름 속 허상처럼 이울어 간다

명품의료를 정치권력이 거부하고
무지한 팬덤 떼거지들은 광분하여
곡조도 모른 채 싫다고 아우성
무능하고 부패한 법조계조차
궁색한 정의의 법 봉을 내리친다
의료강국 대한민국과 명품의료
누구를 위한 희망인가?

먹구름이 의학교육을 삼킨 오월
무지한 망동을 향한 지사의 절규
황량한 의료의 삼백 리 자갈밭 길
약약하고 험한 우금에 내몰린 후손들
거리에 버려진 죄목은 무엇인가?
명품의료의 꿈을 몽중몽에 묻어버린
오만한 자의 후손이란 죄 아닌 죄.

무식과 불양심

배가 부르고
밥알이 곤두서거든
입 다물고 고개 숙여 감사해라
무수히 많은 선구자가
피땀 흘린 덕분이다

어제 일 잊으려고
모른 체 살지 말아라
허상의 미소를 지은들
늑대가 양이 될 수는 없는 것
승냥이 모인 정치판은 예외다

한국 정치가 왜 이러냐고
흥분하는 국민 참 많다
모든 책임은 바로 당신이다
고무신 투표나 광신도 투표
무식함과 불양심은 매한가지.

문해력 결핍증

대왕께서 한글을 만드실 때
백성이 뜻을 밝힐 글이 없음을
불쌍히 여기신 영명함으로
인류 역사상 최고인 한글을
지으시고 후손을 살피셨다

귀하고 아름다운 우리 글
쓰고 익히지 못하는 사람
눈을 비벼도 찾지 못했는데
법전을 녹혀 마시는 판사들의
이해 못 할 문해력 결핍증.

2025. 03. 26
(파렴치범의 항소심 판결을 보고)

백성을 구할 인공지능 판사
- 즉흥시 -

법은 만인에 평등하고 준엄하다
가르치는 말과 행동이 등을 지면
눈물짓는 헐벗은 정의

법은 무겁고 강한 줄 알았는데
판사의 뜻대로 늘어지는
연약한 엿가락을 닮았네

법의 잣대가 판사마다 다르고
사건 해석의 문해력도 제각각
법을 빙자한 판사의 횡포

황제 말씀을 멋대로 해석하고
나라 팔아먹은 매국노의 핑계
불가불가야

법이 근엄한 줄 알았는데
더 무서운 것은 법을 주무르는
판사님 마음속 문해력이네

엄정한 법은 한 구절인데
판사의 눈은 제각각이다
앙천대소 허탈한 민초의 운명

권력과 돈의 변두리에 선 백성
이들을 구할 정의의 방망이는
인공지능 판사의 손안에 있다.

살아가는 이유

심장이 고동치는 것은 삶의 열정
청춘의 뜨거운 눈물을 흘릴 수 있는
시들지 않은 마음은 나이를 초월한다
세월이 더해가는 것이 슬픈 것은 아니다

하늘 높이 펄럭이는 태극기를 바라보면
가슴이 뭉클하고 눈물이 핑 돈다
국치일에 내리는 장대비가 전하는 슬픔
영령들의 통곡 소리에 억장이 무너진다

캐나다 종군기자 빈스 커트니, 말대로
11월 11일이면 올리는 기도
Turn Toward Busan으로 묵념하고
감사와 애통함의 눈물을 흘렸다

2022년 6월 21일 누리호
우리의 꿈을 우주에서 펼쳤을 때
고마움과 감격의 눈물을 주체하지 못했다
감격을 안겨준 과학자들에게 영광 있기를

2022년 12월 3일 하루의 첫 시간
카타르에서 불타오른 월드컵 16강 진출 소식
코로나 투병 중에도 팔을 번쩍 들었고
눈시울을 적셨다

종심의 언덕을 넘어서도 심장과 열정은 강한 것
치졸한 식견으로 역사를 농단하는 자를 봤어도
파도처럼 밀려온 울분과 역겨움에도 울면 안 된다
태산을 삼키는 맘으로 되씹을 수 있어야 지혜다

연식을 잊고 감격의 눈물을 흘릴 수 있는
뜨거운 열정은 결코 식을 줄 모르는 것
가슴 뭉클하게 눈을 적시는 일은 많아야 한다
그래서 살 수 있고, 그것이 살아가는 이유.

삶과 죽음의 징검다리

삼십여 성상을 이어온 해외 의료봉사
코로나 시샘이 수년간 발을 묶었지만
근심을 끌어안은 집사람을 다독이고
먼 길을 나섰다
반기는 사람이 있건 없건 관계없다
삶의 지혜를 찾아가는 것일 뿐이다
봉사란 베풀거나 보여주는 것이 아닌
정을 주고 현명함을 배우는 일

짐을 쌌다 다시 푸는 어설픈 행보
돋보기 쓰고 안경 찾는 답답함이다
잔소리 논쟁이 된 노인들의 여행 준비
생각과 손길이 제각각인 헛손질
번잡한 생각은 나이와 어깨동무 친구

세월을 타고 흩어지는 담배 연기 같은
섣달그믐 새벽의 차가운 입김
인천공항에 가득한 꿈을 그리는 이웃들
미움도 거짓도 없는 반가운 얼굴이다
빙판이 된 국민 마음 위에 참숯 썰매 타기
함량 미달의 몰염치한 여의도 낭인들에게
착한 사람들의 꿈은 관심 밖이다

제 시간 제 돈 내고 봉사 가는 대학생들
이런 젊음이 있다는 것이 눈물겹다
미래를 여는 한 송이 순백의 꽃이다
정치라는 오염된 쓰레기통과 집단 광란에
물들지 않게 곱게 키워야 할 심성
착한 마음을 지켜 주는 것은 시대의 숙명

경비를 아끼려고 여기저기 돌고 돌아
비행기를 바꾸어 타는 삼십여 명 방랑객
이유도 모른 채 하염없이 기다려야 하는
밤 깊은 이국땅의 낯선 공항
시간표가 없는 시골 완행버스를 기다리며
아들딸 보러 서울 가는 아버지 마음

비좁은 삼등석 오금 저려 옹색하지만
푸근한 마음으로 넉넉하고 자유롭다
집 떠난 지 스물두 시간에 여장을 푼다
시련의 애환이 실타래 된 캄보디아
한적한 마을은 며칠을 머무를 보금자리
꿈속의 고향을 보는 짙은 기시감

캄보디아에서 맞은 정월 초하루 새벽
정겨운 바람이 얼굴을 감싸고
초선을 닮은 하늘의 눈썹달이
새침한 미소를 보내는 남국의 하늘
미녀를 시샘하는 새들의 지저귐에
푸른 마음은 메타버스 세상을 그린다

할머니와 며느리 조랑조랑 손주들
고단한 삶의 옹이가 깊게 맺혔다
버거운 생활에 짓눌린 질곡의 삶은
여기저기 아픈 곳이 겹겹이 쌓였지만
내일의 꿈이 잠겨있는 맑은 눈동자
어둠을 일깨우는 희망의 빛이다

종일 기다려도 뵈지 않는 갑장 촌부들
삶과 죽음의 징검다리가 된 죽음의 들판
패악에 희생된 해골산의 주인이 되었다
억울함의 상흔마저 사라져 버린 약약함
하늘조차 외면한 절통함이 원혼으로 남아
죽어서도 방황하는 영혼들

남쪽 나라 저녁은 달무리에 빠져들고
멀리서 들려오는 개 짖는 소리
이웃을 지키는 파수꾼의 북소리다
흰 새벽을 여는 횃대의 닭 울음소리
지켜야 할 새 생명의 절규
지평선 넘어 들려오는 희망찬 북소리.

2023. 01. 19
(경희국제의료협력회 제3차 캄보디아 봉사기)

서울 맹꽁이

고향 마을에 가득했던 맹꽁이 소리
한 놈이 울면 온 동네가 울음바다
말림의 숲이 빗줄기에 흠뻑 젖으면
봇도랑 물소리와 맹꽁이 우는 소리는
장마철에 어우러지는 고향의 풍경
개구리는 기가 죽어 울지도 못 한다
장마가 끝나면 산으로 간 듯
한순간에 멈춰버린 맹꽁이 울음소리
맹꽁이도 한때나마 세상을 풍미했다

밤낮없이 울어대는 서울 맹꽁이
청개구리조차 울어댈 겨를이 없다
여의도 강당을 가득 채운 전국의 맹꽁이
제 울음소리의 곡조도 모르면서
눈동자 굴려 친구 따라 무작정 울어댄다
맹꽁이를 닮은 딸들은 발 디딜 틈이 없자
SNS에서 음정 박자 제멋대로 울어 젖힌다
하늘 개고 밝은 세상 되면 순간에 사라질
서울 맹꽁이는 오늘도 맹꽁맹꽁.

아리랑 변성곡(便星曲)

밤하늘에 반짝이는 별들
꽃을 본 듯 반갑고 아름답다
별을 따서 가슴에 품으면
한없이 따뜻한 사랑 이야기
깨알같이 많은 별들은
이름도 역할도 믿음직하다
이것이 천상의 뜻이었는데
미욱한 인간만 모를 뿐이다

한국의 군에는 별들도 많고
권위와 위세가 믿음직하다
장군은 호국에 최고의 방패
본인과 가문, 조국의 영광
놀랍게도 일탈한 지극히 일부는
똥별이란 조롱을 듣고 있네
독경엔 뜻이 없고 잿밥만 넘봐
자업자득이 자초한 망칭

아리랑 아리랑 아라리요
청천 하늘엔 잔별도 많고
우리네 가슴엔 희망도 많다
아리랑 아리랑 아라리요
한국 군대에는 똥별도 많고
국민의 가슴엔 걱정도 가득
깊이 쌓인 진예의 어리석음
변성곡 부르는 애끊는 절규.

2025. 02
(국민이 절망하던 날)

아편전쟁의 상흔

역사의 기록 속 참혹한 전쟁은
허황한 명분이 분식된 허상
핑계는 사람의 머리에서 싹트고
수수께끼 풀 듯 퍼즐을 맞춰도
명분을 모르겠는 부끄러운 전쟁
이름부터 야릇한 아편전쟁
아편을 밀매하여 돈을 벌겠다는
영국의 야심은 홍콩을 취했지만
추악함만 남은 신사 나라의 오명과
맥없이 패한 허망한 천자의 나라
이중텐이 탄식한 역사를 속인 관리
마약보다 더 지독한 거짓말 중독
중국은 영국에 개화(犬化) 되었다
한국 사회를 좀먹는 팽배한 거짓말
우리의 역사에 무엇을 남길까.

어리석은 만용

아름다운 희망을 듬뿍 안겨주는
양재천 새봄의 흐드러진 벚꽃
약약한 삶을 벗 삼는 꿈의 화신
그루 탐이 없이 지켜온 천상의 약속

고달픔에 지친 고목 앞에 멈춘 걸음
한껏 굽은 줄기에 쏠린 마음이 힘겹다
살아온 날의 풍상이 가지마다 새겨진
슬픈 지난날이 흘러내린다
인고의 세월 버텨온 지난한 삶이지만
화려한 벚꽃을 해마다 선물하고
오고 가는 사람을 미소로 반겼다
장애를 품어 안은 진솔한 생명의 나무

참을 수 없는 애절함에 간청한 도움
생명의 지지대를 세워준 강남구청
버팀목은 나무 사랑의 짙은 정이고
척박한 삶에 그늘진 민초의 꿈이다
고마운 듯 해를 더한 아름다운 벚꽃
스치는 길손에게 희망을 전하라고
벚나무와 버팀목을 수없이 보듬었다

세상이 바뀐 2022년 시월의 늦가을
허망하고 어리석은 만용 때문에
온갖 풍상을 겪어온 고목은 사라졌다
풍성한 가을을 결단내고
꿈을 싹둑 잘라버린 인간의 사악함
힘없는 이웃에 매정한 칼을 들이댔다

하늘의 노여움이 한 되어 맺힌 듯
고주박이 된 그루터기는 말이 없고
꿈의 버팀목이 섰던 우레탄은 움푹 파여
지난밤 내린 구정물만 가득한데
빗물이 아니고 사람과 나무가 흘렸을
통한이 맺힌 피눈물이다
현명하지 못해 정을 외면한 인간들이
어찌 세상일을 이야기할 수 있을까.

여름밤의 장탄식

열대야 찐득한 여름밤의 보름달
하늘에 짓눌린 낮은 모습이 무겁고
무더위에 익어가는 밤은 약약하여
가쁜 숨이 턱에 받친다
망월조차 답답하여 뒤척이지만
가슴 깊이 품은 마음을 달래려고
선풍기 등에 대고 달을 바라본다
깊은 사유 속 간절함과 함께

마음의 들창문이 여의도를 등진다
생각 따라 열기가 얼굴을 덮는다
국회의 돔을 뚫고 끝없이 뿜어 나오는
망언과 천박함을 바라볼 여름밤의 달
항아와 아르테미스가 한숨을 쉰다
인간 세상 속에 인륜을 거부한 자들
하늘의 뜻을 모르니 어쩔 수 없구나
여름밤 허공에 울려 퍼지는 장탄식.

절통한 피눈물

초미세먼지 몹시 나쁜 날
골목마다 퀴퀴함이 가득하지만
훨씬 더 지독한 세상의 흉흉함
좌절의 긴 한숨에 허파만 괴롭다
추하고 천한 말을 귀에 담으니
꼬불꼬불 세반고리관 오염되고
세상이 빙글빙글 제 멋대로 돈다
덫 놓인 진 데를 짚을까 노심초사
목불인견 꼴값의 잔상이 맺힐까
선한 눈동자를 꼭 감아버린다

눈 감아 귀도 막고 입을 닫지만
푸른 민심 들이켜 허공에 외친다
이 나라의 주인은 살아 있냐고
주인 떠나 버려진 쇠락한 초옥
욕심쟁이 머슴이 샌님 노릇하듯
망해가는 나라에 주인 행세하는
꼴사납고 야비한 왈자패 정치꾼
제구실도 못 하는 한심한 국민은
허망한 권력의 시정마나 덩덕개
우국여가의 절통한 피눈물.

좌절을 딛고 서자

오만에 몰입하고 불손을 일삼던
무리의 패륜과 광란의 질곡에서
나라와 국민을 구원할 참신함과
순수한 패기는 희망의 좌표였다
피와 땀으로 일으켜 세운 나라
문명의 중심 중화를 향한 국가
자유민주주의를 향한 열망 속에
하늘이 나라를 지켜 주심이라고
간절한 마음으로 선출한 대통령

취임 후 남편으로 보인 편협함은
수치를 몰라 그 자리가 참람했다
독불장군 행보에 넋 나간 지지자
숨겼던 광기를 유권자는 몰랐고
자유민의 양식을 외면한 망동에
국민은 혼절하고 절망하였지만
열정으로 좌절을 딛고 일어서자
나라를 위한 희망의 깃발을 들자
푸른 의지로 다시 세워야 할 나라.

지하철역 승강기

빛바래 퇴락한 초라한 안내문
읽을 사람도 지킬 사람도 없으니
단장해 고칠 사람도 없을 듯
노약자 전용 승강기란 허울뿐
잽싼 자의 전용이 된 엘리베이터

문 열려 나오는 사람 밀치고 난입
순간 민첩한 자로 가득 찬 승강기
마지막 승차한 발걸음 더듬한 노인
문은 닫힐 줄 모르고 안내 방송만
마지막 탄 사람은 내리란다

사람들 시선은 휴대전화에 있고
귀까지 먹었는지 꿈쩍도 안 한다
삑 삑 승강기의 계속된 단말마
힘든 발걸음 옮겨 노인이 내리자
비호같이 닫히는 승강기 자동문

이 나라 건설의 역군이었을 노인
살펴야 할 세상의 인심은 이렇고
품어야 할 포용의 문은 야멸차다
열쇠도 없이 잠겨버린 존경의 문
애완견만도 못 한 노약자 신세.

                              2024. 11. 28
                         (於 큰 눈 내린 서현역)

찬란한 태양의 희망

반세기 전 악몽을 딛고 태어났다
쓰라린 아픔은 뼛속까지 깊지만
내일을 위해 털고 일어선 위대함
천상의 주인이 그대를 사랑하여
살육의 망동이 다시는 없을 것

아버지 세대를 아들이 대신하고
천진한 학동들의 영롱한 눈동자
상처를 잊고 자라는 앞날의 주인
캄보디아의 미래는 밝은 축복뿐
찬란한 태양은 그대의 푸른 희망.

2025. 01. 31
(시소폰 캄보디아 봉사기)

추락하는 나라의 희망

명령 복종은 군의 가치와 생명
반국가적 명령은 거부도 하지만
동전의 얼굴은 누가 선택하나
악법도 법이라는 말의 숭고함
가슴에서 새기는 이유는 뭘까
살인자 자식을 숨겨준 부모를
죄를 묻지 못하는 이유는 천륜

통수권자의 명령에 복종한 자
대통령의 오판을 부추긴 군인
상관을 탓하며 쉽게 고발하고
발뺌하는 냄새나는 높은 별들
이들 모두는 동일한 군인일까
군의 옥석을 가리는 생명줄은
죽음과 견주는 사명과 자긍심

신과 같은 군을 누가 요구하나
국회는 모든 책무에 충실했기에
필요한 잣대로 군을 힐책하나
국회는 무엇을 되돌아보고 있나
깨어난 국민은 누구를 불신할까
시민의 덕목을 지킴은 내일의 꿈
추락하는 나라에도 희망은 있다.

통한의 좌절

소설 속에서 느꼈던 좌절과 절통의 쓰라림
마주한 뒤에야 삶을 옥죄는 참극임을 알았다
적악과 재앙의 독초에 싹을 틔운 역린이라
비극을 불러온 자, 천상의 벌을 면할 수 없다

총선을 한 달 앞둔 갑진년 정월 중순
의사를 겁박한 윤석열 정부의 들보잡 망동
인륜의 선을 넘은 인권유린과 다름없고
공염불로 드러난 그가 외친 자유와 민주

광분에 휩싸인 폭언은 귀를 의심케 했다
갑자기 이천 명을 늘린다는 의대 입학 정원
근거도 없고 논의라는 덕목은 실종되었고
병원을 떠난 의사와 시정말 된 덩달이 국민

교육이 무너져 의사 아닌 의사가 넘쳐나고
처참하게 붕괴할 귀한 일품의료의 미래상
의료과소비에 열광한 덩덕개의 처절한 후회
잿가루로 얼룩진 얼굴에 초점을 잃은 눈동자

탁월한 의학교육과 의료강국 대한민국
평생을 교수로 살며 동료들과 세웠던 꿈
무수한 의학자의 피땀이 그림자 된 헌신
순간에 모든 것을 날려버린 정치꾼의 만행
바보가 된 삶에 남은 것은 통한의 좌절.

                      잊을 수 없는 2024. 03. 20의 한

판사의 방울이 된
위증교사죄

위증교사죄란 힘든 말을 접했다
지천명인 판사의 뜻을 살펴보니
법관의 소유물 같은 허망한 죄목
맘대로 아무 데나 걸 수 있는 방울
판사 맘대로 윤색하는 미천한 법

국회의원은 무식하니까 그렇고
법학자도 멍청하긴 마찬가지네
판사의 손아귀에서 놀아나는 법을
왜 만들어서 세상을 시끄럽게 하나
고양이에게 생선을 맡기는 격

위증한 자 철창에서 무전취식하고
시킨 놈은 의기양양 세상을 휘젓네
위증범은 뭘 바라고 거짓말했을까
교사범이 행복해할 줄은 몰랐겠지
판사의 방울이 된 정의라는 법 봉.

2024. 11. 25 허망한 날

허망한 원추리의 삶

양재천 둑길에 파란 봄이 오면
뾰족한 쪽빛으로 인사하는 원추리
거침없이 웃자라 실망해진 키
작년의 인연이 생각나 앞선 걱정
저러다 또 혼절해 누우려나

봄꽃의 화려한 자태가 현란하고
계절의 여왕이 미소로 화답할 때
빨리 자라 긴 머리 풀어 헤친 원추리
기력을 잃고 길가에 널브러졌다
꽃은 고사하고 꽃대도 볼 수 없다
근심을 잊고 누워 무엇을 생각할까

제 고집에 빠진 오만한 원추리는
탐욕에 허덕이는 한국인의 얼굴
참람한 샴페인에 현혹된 해롱댐
배고팠던 엊저녁은 비몽사몽이다
우쭐대다 길가에 누운 원추리
허망한 삶에도 희망의 꽃이 필까.

희망의 성화

선한 가슴에 험담의 대못을 박고
흉하게 번 돈으로 잘 사는 세상
바리새인을 닮은 거짓의 선동꾼이
품격의 명망가로 추앙받는 나라
선의의 거짓말이 귀동냥을 왔다
쪽박만 깨고 문전박대를 당했다

알 권리와 말할 자유를 방패 삼아
음습한 익명이 좀비의 춤을 추면
슈퍼에고를 밟고선 이드의 세상
선악을 구별 못 했던 노예의 삶이
진실을 덮고 사실을 외면하면
정도를 망각하는 야만인의 사회

내 부모 지어주신 당당한 이름
민주시민은 그 명패를 걸고 말해라
오염에 얼룩져 상처뿐인 정의지만
이성의 불씨가 혼탁함을 불태우면
자유를 그리는 민주시민의 횃불은
내일을 약속하는 희망의 성화.

4.
주고받는 정

능소화 드리운 미수의 동산
– 상남 성춘복 선생님 미수 축시 –

영남의 상주 골에 자색 구름 모인 날
언덕 위에 한 마리 학이 크게 울었다
하늘이 그 소리를 반갑게 들었을 때
반가의 규방에서 들려온 신동의 첫울음
생명의 인연은 북악의 계곡까지 울렸다

소탈한 문사의 팔십팔 년의 소박한 삶
영민한 눈빛으로 천상의 뜻을 보았고
능소화 마음으로 선비의 뜻을 세웠다
황하의 지주 되어 지켜오신 외로운 길
지사의 참된 자유가 무지개를 만났다

문향이 가득한 행단 아래 늘어선 제자들
기품이 거룩한 시인들이 구름 같아
한눈에 보이는 상남 선생님 덕과 인품
등단 시인 육십사 년에 빛나는 발걸음
백수(白壽)의 길마다 아름다운 기화요초.

2023. 12. 10

연륜 짙은 춤사위
- 한국무용의 대현(大賢) 임학선 교수의 삶 -

태극의 화합으로 하늘이 열릴 때
천상에 봉황이 생명의 소리 내어
천지의 조화로 음악(樂)을 만들고
큰 날갯짓이 그려낸 생명의 춤(舞)
예(禮)의 질서로 인(仁)을 이루자
새벽닭의 공명이 길을 열었다

맨발의 소녀가 자갈밭을 걷는다
돌부리에 걸려 넘어진 피멍을 안고
가시밭길을 헤쳐낸 구도자의 삶
피안의 언덕에서 춤 나래를 폈지만
더 높은 꿈은 아주 먼 곳에 있기에
정념의 염력으로 이룬 입신의 경지

상서로운 자운이 가득한 신선계
일품 학이 날개를 펼친 하늘의 몸짓
무아지경 기품인 선(禪)의 춤사위
간계의 질시와 시샘은 호사다마
박달나무 큰 그늘 지주반정이 되고
끌어안은 찬바람은 꽃을 피웠다

대붕이 손 모아 허리 굽힌 팔일무
긴 소매 팔을 들어 인(仁)을 맞으니
중니의 마음을 그린 형상의 몸짓
천상의 뜻을 펼친 창조의 극미
멈춤을 모르는 인생과 춤의 도반
고매한 연륜과 농익는 춤사위뿐.

2024. 10. 12
한국무용의 대현 임학선 교수의
춤 인생 '人舞俱老' 관람 후기

아름다운 삶의 지혜
- 초우 문복희 교수 정년 축시 -

시를 닮아 화사한 얼굴의 살가운 여인
나비의 마음으로 시의 동산을 엿보고
하늘과 땅, 천지인과 삼위일체를 보듬어
삶의 원천과 영혼의 울림을 찾는 구도자
사뿐한 한복이 없었다면 큰 아쉬움이
가슴에 옹이 되어 남았을 나비 같은 귀인
생각이 시가 되고 시가 생활이 된
삶과 생활을 시로 노래한 연인 같은 시인
때로는 노란 나비가 되어 온 세상을
향유하고 때로는 애절함을 나누어
사람의 마음을 달래준 시인이 된 숙녀
문사의 길과 교수의 길은 약약한 자갈밭
무수한 우금을 사랑으로 가볍게 뛰어넘은
지혜가 충만하고 강인한 어머니
숨차게 달려온 길은 힘들고 때로는 번뇌
하지만 가슴 벅찬 아름다움은 삶의 지혜
나비의 기도가 간구하는 창조를 향한 구도
청청하리라.

2024. 08. 31

쓰라린 마음
― 의학계 원로의 나라 걱정 ―

학회에서 오랜만에 만난 원로분들
반가운 악수 위로 우수 어린 얼굴
긴 한숨 속 깊어지는 나라 걱정
윤통령 내외에 대한 허망한 장탄식
소태 씹은 얼굴에 절망으로 닫은 입
무엇에 홀려 이렇게까지 속았을까

덕치와 예치주의 정명의 정치 철학
공자의 어록에 담긴 참된 지도자란
먼 곳의 사람도 찾아오는 명망가
곁에 있던 현자조차 떠나가는 것은
국가 원수가 못 된다는 천상의 버림
구우일모로 보여 속은 쓰라린 마음.

2024. 10. 17
於 대한비뇨의학회 학술대회장

입학
- 손자의 첫 등교 -

이천이십삼년 삼월 초이틀
푸른 하늘에 꽃구름이 아름답다
하늘이 내린 순백의 어린이가
학동이 되어 배움터로 나선 날
벅찬 마음으로 샛별을 본다

등에 멘 가방에 초록빛 꿈을 담고
미지를 향해 타박타박 걷는 자신감
늠름한 모습은 꿈속의 기시감이다
앎의 지혜를 쌓고 삶의 뜻을 세워
사람 세상을 널리 편하게 하리라

천진한 장횐식이 내디딘 첫걸음
대붕의 꿈을 안은 힘찬 비상이다
푸른 날갯짓의 아름다운 모습에
할애비 할미 지난 세월이 자랑스럽고
얼굴의 주름살이 활짝 펴진 날.

2023. 03. 02
장횐식의 초등학교 입학을 축하하며

겸손한 마음의 인(仁)
- 복중 손주 -

꿈에서도 그리던 일을
살면서 접할 줄은 상상도 못 했다
겹겹이 쌓인 착한 마음의 축복
염원의 간절함이 맺은 주옥
반가움의 눈물이 앞을 가린다

누가 엿보면 실성한 사람으로
착각할 것 같다
눈을 크게 뜨고 정색하지만
파도처럼 밀려드는 기쁨의 미소
주체할 수 없어서 혼자 웃는다

영원한 사랑을 맹세한 호야꽃이
집안 가득 만발할 때마다
행운을 예언했던 집사람의 꿈
후손을 귀하게 여기신 음덕으로
새 생명을 내려주신 은혜는 영광

꿈 같은 은총이 다가올 줄은
기대도 못 하고 살아온 긴긴 나날
선을 쌓는 가문에 내린 축복이다
겸손한 마음으로 두 손 모아 감사
낮은 곳에서 구하는 인(仁).

2024. 12. 08
큰며느리 복중 손주 소식을 듣고

가슴의 창을 두드린 천사
- 장수민의 출생 -

이천이십삼년 음력 오월 초이레
간구함이 길어 늦은 밤에야 청한 잠
곤한 새벽에 잠시 스쳐 간 꿈
가슴의 창을 두드려 천사가 깨운 아침

아홉 시 삼십 육분 전화벨 울릴 때
소나무 위에선 까치가 크게 울었다
오매불망 기다리던 보배를 위해
염력을 다해 미리 지은 이름 장수민

얼굴 모습 반듯한 동영상 속의 첫 만남
건강한 배냇짓으로 만세를 부르고
세상에 왔음을 알리는 울음소리
고귀한 새 생명의 아름다운 노래

우렁차게 우는 소리는 타고난 여장부
가정과 가문의 영광이 온 누리에 이어져
베풀고 어울려 살아가는 귀한 지혜로
화평한 세상을 여는 이적의 첫걸음.

2023. 06. 24
손녀(장수민)가 태어난 기쁨의 즉흥시

새 시대의 주인
- 수민의 첫돌 -

생각이 깊은 초가을에 전해온 환희
기화요초에 영롱한 이슬방울처럼
억겁의 인연이 천상에서 내려와
내 집 문을 두드린 간절했던 소식
숨이 멈춘 벅차오름에 말을 잃었다

해와 달과 별을 품고 여기 오기까지
염력의 땀방울이 가슴을 흠뻑 적신
오랜 그리움의 시간이었다
귀인은 쉽게 만날 수 없다지만
기다리는 마음은 여삼추의 초조함

상서로운 자색 구름과 무지개가
하늘에 가득했던 오월 초이레 사시
지혜의 토끼가 품속으로 내려왔다
기쁨에 잠 못 이뤄 여러 날 뒤척이다
천지의 악(樂)과 예(禮)의 명명 수민

꽃을 닮아 고운 얼굴에 해맑은 눈
사랑의 별들이 초롱초롱 대롱대롱
빼어난 자품은 주머니 속 옥돌 되고
총명한 지혜가 곧은 의지를 담으니
가문의 영광이고 새 시대의 주인.

손녀 장수민(張秀頤) 첫돌 축시
2024년 음 5월 7일

아름다운 세상의 주인
- 만남의 기쁨 장훤정 -

여의화 살펴 들고 사뿐히 다가와
마음의 창을 두드린 그날부터
염력의 간구함은 하늘과 땅 사이
메아리의 무지개를 세웠다

철 이른 폭염이 물러간 빛 머문달
하늘이 정해주신 스무하루의 오시
지극히 귀여운 선녀의 모습으로
우리에게 환희를 안겨준 장훤정

천상의 복을 품어 모두를 반기니
너의 꽃향기는 만 리를 휘덮고
화평의 밝은 웃음은 끝이 없어라
희망 가득한 아름다운 세상의 주인.

2025. 07. 15
於 鶴汝齋

외로움은 불행이 아니다
- 집사람 병상에서 -

작은 체구지만 펄펄 날던 여인
노구에 무릎 수술 환자가 되었다
나이에 장사 없단 말은 경구였다
십 년 넘게 이 짓 저 짓 허송세월
회한의 소리는 왜 진작에 수술을

서로 바라보고 눈으로 주는 마음
때로는 집사람 혼자 보내는 밤
부모님 입원하셨을 때 북적대던
자손들이 떠올라 뭔가 허전하다
부모 곁에 자식은 마음뿐인 세월

진통제에 매인 희미한 꿈의 세상
환자를 지키는 형광등도 졸고 있다
방울방울 수액 관은 희망의 생명줄
자다 깨다 눈을 떠도 적막한 병실
외롭고 약약한 밤은 길기만 하다

수발들러 올 사람은 없다
마음만 보내는 자식의 버거운 삶
부끄러운 일도 화낼 일도 아니다
외로워질 준비의 경고는 천상의 뜻
종심의 언덕은 본래 혼자 넘는 길

외로움 속에 의미를 구하는 현자
인생 수레의 내리막에 몸을 싣고
주마등에 여유를 맡기는 현명함
노후의 쓸쓸함은 누구나 걷는 길
외로워질 준비에서 찾는 진한 행복.

2025. 01. 10

장승포 세브란스병원 감회
- 집사람 삶의 원점 -

장승포 앞바다의 잔잔한 물결
천년을 이어온 인연을 잉태하고
아름다운 쪽빛 물길이 정겨운 고장
하늘 높이 풍요롭고 한가한 구름
청정한 바닷물에 얼굴을 닦으면
그리움을 가득 품은 넉넉한 마음

일구오십년 섣달 스무닷새 성탄절
메러디스 빅토리호의 은덕으로
눈물겨운 삶의 새싹이 움트고
전쟁의 참화에 희망의 등불이 된
장승포 세브란스병원

울음소리 해맑은 강보 속 천사
칠십삼 년의 세월이 흐른 뒤에야
고운 길손 착한 마음으로 찾아온
생명의 보금자리
상전벽해 화려한 도시의 외진 곳
애타는 맘으로 묻고 물어 찾았다
길가의 한 귀퉁이 퇴락한 판잣집
주소도 없어 서글픈 옛날의 명소
만감이 회오리치는 귀한 길손
퇴락한 모습에도 역사는 숨 쉰다

이제 종심의 언덕을 넘은 갓난아기
엄마의 고된 모습을 눈물로 그린다
건물은 폐허로 무너져 가지만
상흔에 덧새긴 그립고 감사한 마음
보람이 가득한 오늘의 삶과 가족들
지나온 역사의 원점에 우뚝 선 채
문패와 표지석을 마음속에 세운다
다시 찾아야 할 장승포로5길 4.

2025. 04. 26
於 거제시 장승포

노부부의 모란꽃 일기
- 우리 이야기 -

화장기 짙은 플로라의 시샘이
눈꼬리를 치켜세운 사월의 끝단
무성한 잡초위에 넘어진 흰 모란꽃
꽃 무게를 못이겨 쓰러진 안쓰러움
눈길도 안 주고 지나치는 뭇사람
야속하고 아픈 마음에 텅 빈 가슴
여름 내내 눈에 밟힌 의연한 모습

낙엽지고 나목이 된 가냘픈 모란
노부부가 뜻 모아 쌓아 올린 정성
황하의 지주처럼 지지대 세우니
아파트 모퉁이에 생긴 작은 모란밭
삼십여 주 모란의 꼿꼿한 모습
엄동의 눈보라에도 늠름하였다
살포시 간직한 봄날의 기대와 정

한 자가웃이 될까 말까 했던 키
지지대 힘입어 내 어깨에 맞먹고
목화 꽃 이울고 부풀은 씨방처럼
주옥의 봉오리 반가운 사월 중순
보름간의 염력이 승화된 어느 날
돈오돈수 확철대오 순결한 탄생
우아하게 만발한 흰 모란꽃.

누님을 위한 기도
- 단양 장명희 여사 -

팔십 중반의 노할머니가 되신 누님
정겹게 식당에 마주 앉은 남매
동생 내외와 대화가 그럭저럭 이어진다
음식도 잘 드시고 자손들 덕분에
얼굴도 고우신 편이다

누님의 마음속 세상을 전혀 모른 채
걱정스러운 눈빛으로 바라보고 있는
우리 내외만 불편한 사람이다
당신은 세상 걱정이 없고 마냥 편안하다
바보는 누님이 아니라 바로 우리 내외

당신이 하고 싶은 말씀만 노래 부르듯
음률까지 섞어가며 자꾸 반복하신다
대화가 아닌 자문자답의 독백
부모님과 어린 시절 그리고 귀한 추억들
자손에 대한 애증까지 모두 버리셨다
기억을 못 하는 이유도 편안하게 둘러대신다

아무것도 몰라 나이 먹으면 다 그래
만나는 사람이 없어서 아무것도 몰라
늙은이가 사람들 만나는 것도 안 좋은 거야
변명에 어울리는 몸에 밴 훈계도 하신다

단조로운 삶에 편안한 모습이 다행이지만
순간 울컥울컥하고 연민이 치솟는다
맑은 정신으로 옛날을 기억하기 때문이다
평소 TV를 잘 보지 않았지만
누님을 뵙고 난 후 방송에 크게 감사했다

하루 종일 재미있게 TV만 봐
TV가 없었으면 어쩔 뻔했는지 몰라
이 말씀을 식사 중 열 번도 더 하셨다
KBS1만 종일 보신다고 자랑이 대단하시다

KBS1 TV가 꿈과 정을 주던 어린 시절의 잔상이
무의식의 흐름을 타고 남아 있음이다
그나마 즐거운 일이 있다는 것은 다행이다
이념과 정치를 떠나 깨끗함과 정이 가득한
프로그램으로 텔레비전이 장식된다면
시청료는 조카들이 보내는 감사한 마음이리

아무 일도 아무 걱정도 특별한 이유도 없이
얼마 있다가 또 만날 것이라는 약속이나 한 듯
헤어질 때 인사도 번거롭지 않고 간단하게
평범한 남매간의 보통 헤어지는 인사였다

동생의 무거운 마음속 기도는 참 이기적이다
누님 지금같이만 그 정도로 편안하게 사시다
부모님 계신 영생의 세상으로 떠나가십시오
정신 줄을 더 이상 놓으시면 안 됩니다
자식에게 고통을 주어 천대받으면 안 됩니다
가슴을 저며내는 간절한 기도.

곁에 안 계신 어머니
- 유인 평산 신씨 -

살면서 뒤돌아볼 때 항상 멈춰서는
어린 시절의 어느 순간
통한의 후회가 뭉게구름 되고
가슴이 저려와 눈을 감는다
그때 그 말씀을 왜 못 드렸을까
삶의 쳇바퀴가 돌면 돌수록
아쉬움은 더욱 깊어만 간다
우물쭈물 속내를 말 못 한 어리석음
삶의 모퉁이를 휘도는 세월은
되돌아올 줄 모르는데

초등학교 이 학년 여름
학교 준비물로 엄마 속을 썩인 날
내 떼거지에 무척 화가 난 엄마
그렇게 속상해하신 모습은 처음 보았다
학교에서 엄마가 떠올라 종일 후회 했다
집에 온 뒤 엄마 눈치를 봤을 뿐
잘못했습니다. 그 한마디를 못 했다
지금도 지울 수 없는
가슴 아파 속상해하시던 엄마의 모습

구순을 넘겨 돌아가실 때까지
속상했던 일에 대해 어떤 말씀도 없으셨다
차라리 잊으셨기를 바랄 뿐
끝내 사죄의 말씀을 못 올린 아둔한 자식
가슴에 옹이만 끌어안았다
마음의 거울에 일렁대는 죄송함의 그림자
속상해하시던 어머니의 잔상
풀어 드리지 못한 미련한 자식
그때 왜 다정한 말씀을 못 올렸을까
엄청나게 좋아하셨을 텐데
고희를 넘긴 자식의 사죄 말씀을
들어주실 어머니는 내 곁에 안 계시다.

2023.05.08 어버이날

새가 되신 우리 할머니
- 유인 여흥 민씨 -

음력 오월 초에 내리는 부슬비
뒤꼍에 오랜 앵두나무도 촉촉이 젖는다
붉은 앵두에 영롱한 구슬이 대롱 지고
푸른 잎에 숨은 빨간 앵두는 더욱 귀엽다
알의 굵기나 농익은 모습은 제각각이지만
누구도 함부로 딸 수는 없다
곱게 익은 햇 앵두는 하늘 높은 정성으로
할머니 제사상에 고이 올려드렸다
제사가 끝나면 탱글탱글한 앵두는
올망졸망한 자손들의 즐거움이다

어느 날 툇마루 밖의 배나무 가지에 앉은
새 한 마리 후루룩 날아와 품에 안겼다는
어머니의 꿈 이야기
아버지는 다음날 부리나케 할머니 산소엘 가셨다
무례한 자들이 산소 제절을 훼손한 것을 아셨다
그날 이후 우리 가족들은 그렇게 믿었다
돌아가신 할머니는 예쁜 새가 되셨다고
익어가는 앵두는 새가 되신 우리 할머니 제삿날의
알림표로 굳게 자리 잡았다

봄이면 때까치 새끼를 데려와 길들이는 일은
시골 아이들의 즐거운 자랑거리
어머니의 꿈 이야기를 들은 다음부터
마음속 새장 문을 평생 열어 놓았다
제멋에 창공을 희롱하고 들녘과 숲에서
맘 놓고 노래하는 새를 바라보며
뵌 적은 없지만 예쁘셨을 할머니를 그린다

익어가는 앵두를 바라보는 유월이 되면
문득 떠오르는 할머니 어머니와 고향 집 앵두
종심을 훌쩍 넘긴 나이에도 변함이 없다
도심의 아파트 화단에 넉넉한 앵두나무
흐드러져 붉게 익은 앵두를 쪼아대는 까치를 보면
남모를 미소에 가슴 가득 밀려오는 그리움.

영혼의 불꽃
- 아제르바이잔의 영웅들 -

바람의 도시 바쿠, 아제르바이잔
카스피해 전설을 품은 거센 바람
철갑상어 청색 등을 구름판 삼아
하이랜드 파크에 힘차게 뛰어올라
불꽃이 된 불멸의 영혼에 입맞춤

천구백구십년 일월하고 스무날
얼어붙은 대지에 누워 염원한 평화
순백의 젊은 시민과 민초의 함성을
무자비하게 짓밟은 패륜의 소련 탱크
Bloody January 20 국가 애도일

펄럭이는 삼색 깃발 아래 잠든 영혼들
잊을 수 없는 당신의 헌신은 영원하리
위대한 정신은 꺼지지 않는 불꽃이다
지나는 한국인이 경모하는 마음으로
불멸의 영전에 올린 한 송이 붉은 꽃.

2023. 09. 29 한국의 추석날.
Baku, Azerbaijan에서

신선부의 뜰에 계신 상남 선생님
- 상남 성춘복 은사님 영전에 -

해를 되돌린 여든여덟 해 전 병자년 삼월 열나흘
백화산과 낙동강이 빚어낸 지사의 땅 상주 고을
여명을 헤친 우렁찬 아기 울음에 장닭조차 놀랐다
명승의 고장에 첫발을 디딘 창녕 성문의 신동
뒷담에 만발한 개나리와 자색 구름 상서로움이 가득

북악의 기슭에 터 잡은 삶 속에 시와 시에 묻힌 삶
아름다움을 추구한 시백의 하얀 마음은 하늘의 뜻
천지인 삼위일체를 보듬고 영혼의 울림을 구한 시인
무수한 우금을 지혜로 헤친 한국 문단의 지주반정
시중화 화중시를 실천한 시서화 삼절의 선비

달관의 경지에 피운 감수성의 꽃이라는
불초의 졸작 시집에 보내신 과찬의 말씀은
세월이 지난 뒤에 은사님의 품격임을 알았습니다
다정하고 편안한 마음을 보내주신 상남 선생님
선한 눈매를 생각하면 눈물을 주체할 수 없습니다

큰 별은 지지 않고 아우라로 영원한 빛을 발합니다
기화요초 만발한 신선부의 뜰을 사유 깊게 거닐며
시성과 정겨운 덕담을 나누시는 웃음소리를 듣습니다
고통과 번뇌가 없는 해탈과 영생의 세상에서
담백한 시의 동산을 그리시는 모습을 가슴에 새깁니다.

장성구 (張聲九, Chang, Sung-Goo)
- 자(字) 학여(鶴汝) 호(號) 명고(鳴皐), 인재(仁齋).
- 경기도 여주시 흥천면 외사리 출생.
- 경희대학교 의과대학 졸업. 육군군의관 전역. 39년간 모교 교수로 봉직(비뇨종양학). 경희대학교 병원장. 대한비뇨종양학회장. 대한암학회장. 대한의학회장. 한국의학교육평가원 이사장 역임. 현재 대한민국의학한림원 종신회원. (사)경희국제의료협력회 이사장. 한국의사수필가협회장 (사)화서학회 이사, (사)밝은사회 국제본부 이사. 경희대학교 명예교수.
- 의학 연구로 245편의 연구논문을 국내·외(SCI급) 학술지에 발표하였고 의학 관련 서적(공저) 8권을 저술하였다. 의료봉사단체를 설립하여 30년 이상 국내·해외 의료봉사를 펼치고 있다.
- 『문학시대』 신인상 수상으로 시인 등단. 한국문인협회, 문학시대인회, 수석회, 한국의약사평론가회에서 활동하고 있다.
- 시집 『여강의 꿈』 『능소화가 보낸 시』 『이팝꽃 넘는 고개』 『삶의 옹이가 관솔불 될 때』 『꿈의 숨바꼭질』, 수필집 『이 몸은 내 몸이 아니오』 『여강에 부는 바람』, 칼럼집 『종심의 언덕』 『세상 위에 그린 마음』, 기타 『만락헌 장석인 평전』 『만락헌 유허비 수비기』를 저술하였고, 증조부의 유고인 『만락헌 유고』와 선고의 『만락헌가 가장 유고 - 장우면 편저』를 발간함.
- 교육부 장관 표창, 키르기즈스탄공화국 보건부장관 표창, 여주시 문화상, 고황 의학상, 경희대학교 총장표창(10여 회) 국세청장표창 등을 수상하였고 녹조근정훈장을 수훈하였다.

제 자 : 요수(樂水) 노태민(盧泰民). 光州後人. 화서연원 유학자. 前 成均館 典仁. 문인 수필가, 시인(漢詩) 賞鶴學術會 會員. 요수 선생님은 필자가 깊이 존경하는 이 시대 斯文의 대표적인 학자님 중의 한 분이다.
오랜 깊은 인연으로 필자의 두 번째 수필집『여강에 부는 바람』의 題字에 이어 이번 시집『꿈의 숨바꼭질』의 제자도 써주시는 은혜를 베풀어 주셨다.

표지 사진 : 아무도 눈길을 주지 않아 아파트옆 잡초밭에 버려진 모란이었다. 처음에는 찌든 흰꽃이라 모란인지도 몰랐다. 우리 내외는 지주대도 세워주고 온갖 정성을 다해 30여 그루의 작은 모란밭을 만들었다. 지난해 가을부터 들인 정성에 보답하듯이 금년 4월 말에 아주 탐스럽고 예쁜 백모란꽃이 만발하였다. 쓰러져서 무릎 아래에 맴돌던 모란이 금년에는 키가 173cm인 필자의 귀밑까지 자랐다. 놀랍고 대견해서 이번 시집에 함께하기로 했다.

꿈의 숨바꼭질

장성구 시집

1판 1쇄 인쇄/ 2025년 7월 25일
1판 1쇄 발행/ 2025년 7월 30일

지은이 / 장성구
펴낸이 / 우희정
펴낸곳 / 도서출판 마 중

등록∥1993년 5월 15일 제3001-1993-151호
주소 03073 서울 종로구 성균관5길 39-16
전화∥(02) 765-5663, 010-4265-5663
e-mail: sosori39@hanmail.net

값 15,000 원

*잘못된 책은 바꿔 드립니다.

ISBN 978-89-8387-374-3   03810